编委会

主　　　编：冯帅章

副 主 编：张　晓

编委会成员：武茜、樊静文、徐梦瑶、花芯、李封乾

广东千村调查
Thousand-Village Survey in Guangdong

经济与社会研究丛书

南粤炊烟

2018广东千村调查实录

冯帅章 主编

暨南大学出版社
JINAN UNIVERSITY PRESS

中国·广州

图书在版编目（CIP）数据

南粤炊烟：2018 广东千村调查实录/冯帅章主编．—广州：暨南大学出版社，2019.5
（经济与社会研究丛书）
ISBN 978－7－5668－2625－1

Ⅰ.①南…　Ⅱ.①冯…　Ⅲ.①农村调查—调查报告—广东—2018
Ⅳ.①D668

中国版本图书馆 CIP 数据核字（2019）第 078571 号

南粤炊烟：2018 广东千村调查实录
NANYUE CHUIYAN：2018 GUANGDONG QIANCUN DIAOCHA SHILU
主　编：冯帅章

出 版 人：徐义雄
策划编辑：曾鑫华
责任编辑：高　婷
责任校对：苏　洁
责任印制：汤慧君　周一丹

出版发行：暨南大学出版社（510630）
电　　话：总编室（8620）85221601
营销部（8620）85225284　85228291　85228292（邮购）
传　　真：（8620）85221583（办公室）　85223774（营销部）
网　　址：http：//www.jnupress.com
排　　版：广州市天河星辰文化发展部照排中心
印　　刷：广州市快美印务有限公司
开　　本：787mm×960mm　1/16
印　　张：14.75
字　　数：250 千
版　　次：2019 年 5 月第 1 版
印　　次：2019 年 5 月第 1 次
定　　价：88.00 元

序　一

2018年10月，习近平总书记在暨南大学视察，在肯定学校办学成果的同时，希望暨南大学认真贯彻全国教育大会精神，坚持自己的办学特色，把学校办得更好，为海外侨胞回祖国学习、传承中华文化创造更好条件。习总书记的讲话为暨南大学未来的发展指明了方向。学校要把习总书记的嘱托落到实处，进一步提高办学质量，落实立德树人根本任务，把暨南大学办得更好，把学生培养得更好，团结凝聚海内外中华儿女为齐心共筑“中国梦”做出更大贡献。

古语有云：“知之真切笃实处即是行，行之明觉精察处即是知。”实践是检验真理的唯一标准，大学教育除了夯实学生的理论基础，更应该强调“知行合一”。由经济与社会研究院发起，社会调查中心以及共青团暨南大学委员会共同开展的广东千村调查便为各专业学子，尤其是为经济学专业学子在实践中不断深化理论学习提供了一个良机。中国农村是大学生了解熟悉当代中国现实国情的天地，更是最好的经济学课堂。

习总书记曾说过：“青春是用来奋斗的。”广东千村调查以组织学生走村串户为形式，以深入探索“三农”问题为内容，以“贴近时代，贴近生活，贴近百姓”为主旨，通过科学的社会调查方法，让学生充分了解中国当代农村自然环境、农业生产条件、农民生活现状，以增强学生的社会责任感与历史使命感，搭建了一个大学课堂知识与中国国情实践相结合的平台，为增强大学生的实践能力提供了一种有效的途径。

在习总书记看来，“选择吃苦也就选择了收获，选择奉献也就选择了高尚。青年的人生之路很长，心中有阳光，脚下有力量，让青春年华在为国家、为人民的奉献中焕发出绚丽光彩”。广东千村调查组织学生行走穿梭于广东的大小乡村，聆听村民们的故事。每一份调查问卷的背后都是一个家庭的故事，都是乡村一个小小的缩影。这次的调查经历让学生在领略农村绿水青山，繁星萤火的景色之余，更加真切地感受到自我的存在，看见了自身的价值，坚定了内心的使命，点燃了学习的热情，树立起报效祖国、服务人民的责任感。

党的十九大报告中着重提出“乡村振兴战略”，在此，我向参与广东千村调查的每位访问员表示祝贺，你们在这次实践当中出色地完成了任务，你们在千村调查中采集的第一手宝贵资料将为各级组织开展精准扶贫工作，为实施“乡村振兴战略”提供科学的决策依据。

“海阔凭鱼跃，天高任鸟飞”，未来，暨南大学将按照新时代全国高等学校本科教育工作会议的新指示、新要求，继续号召学生加入到广东千村调查这项伟大的事业中来，为振兴本科教育做出更加有益的探索，为振兴乡村，为培养优秀的社会主义事业接班人殚精竭虑，砥砺前行。

暨南大学党委书记

2019 年 4 月

序　二

2018年10月，中共中央总书记、国家主席、中共中央军委主席习近平亲临暨南大学视察，高度肯定学校的办学成就。习总书记的殷殷嘱托让我们倍受振奋，同时深感责任重大。自1958年在广州重建以来，暨南大学始终扎根广东、服务广东，致力于为地方的经济社会发展服务。

在学校全面贯彻落实习总书记视察广东及暨南大学重要讲话精神的重要时刻，经济与社会研究院发起广东千村调查，可谓极具战略意义和现实意义。

务农重本，国之大纲。当前，我国全面建成小康社会不断向纵深推进，但由于发展条件和能力的差异，仍存在着发展不协调、不平衡问题，农村地区相对贫困与落后就是重要表现之一。广大农村居民能否同步实现小康，事关全面建成小康社会的大局。党的十九大报告中提出"乡村振兴战略"，是继社会主义新农村之后又一解决"三农"问题的重大战略。实施"乡村振兴战略"，促进农村全面发展繁荣，是决胜全面建成小康社会的关键所在。

没有调查就没有发言权。社会调查是了解现实问题、解决现实问题最基本、最科学的方法。在科研队伍方面，广东千村调查由暨南大学经济与社会研究院院长、"长江学者"特聘教授冯帅章等多名高水平科研人员组成研究团队，由中国人民大学、浙江大学、南京农业大学、北京市社科院资深专家学者担任顾问。在调查过程中，共招募了190位学生访问员和核查员，凝聚暨大学子及五湖四海青年的力量，踏山川、循炊烟、访民情、问疾苦、建友谊，真切了解乡村、访问民情。他们走遍全省21个市100个行政村，从行政村问卷、自然村问卷、家户问卷层层递进，力图全面了解乡村存在的突出问题。

社会调查的意义在于对目前存在的问题提出建议与方案，经济与社会研究院团队以社会调查数据为基础，围绕精准扶贫、教育脱贫、生态扶贫、产业扶贫、农村金融改革等领域进行了一系列的学术及政策研究，为广东省的“乡村振兴战略”提供政策依据和支持。我相信，由掌握严谨学术研究方法，充满关切中国现实问题热情的年轻学者发起的千村调查，将会为广东省“乡村振兴战略”提供更加全面、深入、客观的智力支持，擦亮暨南智库的金字招牌。

宋献中

暨南大学校长

2019 年 4 月

前言

2018年的中央1号文件，聚焦于“乡村振兴战略”，明确了“乡村振兴战略”的总要求、原则、目标、主要任务和规划保障等，为各地编制和实施“乡村振兴战略”提供了良好的政策依据和实施路径。在十九大报告中，“乡村振兴战略”与“科教兴国战略”“人才强国战略”“创新驱动发展战略”“区域协调发展战略”“可持续发展战略”“军民融合发展战略”共同出现，为几亿中国农村人口绘制了一幅宏伟而美好的图景。“乡村振兴战略”，体现了党中央推进中国特色乡村现代化的雄心壮志。在全面建成小康社会的大背景下，“三农”问题和乡村振兴依旧是全国亟须关注的问题。深入乡村，走进农户，了解乡村的面貌，体会农民的生活，才能得出真实、有效的数据，因此调查是真正了解乡村问题的根本途径，广东千村调查正是在这样的背景下开展起来的。

广东千村调查项目是由暨南大学经济与社会研究院发起，暨南大学社会调查中心与共青团暨南大学委员会共同主办的全省性调查项目，其目的是深入广东乡村进行入村入户调研，系统地收集广东省乡村发展的微观数据和相关信息，为广东省乃至全国的乡村振兴建言献策。暨南大学经济与社会研究院成立于2015年，是暨南大学为建设广东省高水平大学、推行经济学教育科研国际化而设立的教学科研机构。暨南大学社会调查中心隶属于暨南大学经济与社会研究院，旨在开展多项大型、前沿的社会调查项目，致力于为经济学研究提供坚实的基础，打造优质的学术公共产品，为政策制定及学术研究提供高质量的微观数据，支撑暨南大学经济与社会研究院在相关领域达到国内领先水平。

2018年4月，广东千村调查正式启动，调查内容涵盖精准扶贫、乡村治理、环境污染、教育脱贫、农村城镇化、农村金融改革六大方面。通过利用大学生志愿者暑期返乡的契机，深入广东省乡村进行入村调查，共招募153名学生访问员，组队前往抽样的广东省3 000余户农村家庭，入户收集详细资料。最终，项目组共收到3 000余份问卷。问卷回收后，项目组通过GPS定位、照片核查、实地核查、电话核查、录音核查等严密的质控方式，为项目数据的科学性、严谨性提供保障。2018年9月，2018年广东千村调查圆满结束。

本书从访问员、质控核查员、研究人员等参与者的视角，按照调查进行的先后顺序排列，共分为七个部分，由项目各部分参与者提供真实记录手稿进行汇编，记录历史，折射现实，为乡村提供更加真实的侧面写照。

广东千村调查项目组
2019年1月

目　录

I

关于广东千村调查

一、广东千村调查的缘起

（一）“乡村振兴战略”提出的背景及意义

改革开放40年来，我国经济飞速发展，创造了举世瞩目的经济奇迹，同时也改变了中国的社会结构和自然风貌。2.6亿农村青壮年劳动力向城市流动，由此带来的是空巢村、老人村、留守儿童村和贫困村……国家住房和城乡建设部《全国村庄调查报告》数据显示：1978—2012年，中国行政村总数从69万个减少到58.8万个，自然村总数从1984年的420万个减少到2012年的267万个，年均减少5.5万个，城乡发展不平衡已成为不争的客观事实。

这一现象的产生与我国现代化起步阶段对城乡关系的制度安排不无关系。由于中国现代化起步晚、底子薄、资源少，只能将现代化建设资源集中在城市，让农村农民服务好城市工业建设，形成了资源从农村流入城市的格局。尽管城市发展对农村地区也起到了辐射带动作用，但农村各方面的发展依然普遍滞后于城市。此外，农村劳动力进入城市务工，虽然他们为城市工商业发展做出了很大贡献，却因为户籍在农村而不能落户在城市；虽然他们的工资性收入高于农村务农收入而改善了家庭生活，却因为远离家乡、与家人分离，造成了“留守儿童”“留守妇女”“留守老人”的“三留守”问题。

在十九大报告中，“乡村振兴战略”与“科教兴国战略”“人才强国战略”“创新驱动发展战略”“区域协调发展战略”“可持续发展战略”“军民融合发展战略”共同出现，为几亿中国农村人口绘制了一幅宏伟而美好的图景。“乡村振兴战略”，体现了党中央推进中国特色乡村现代化的雄心壮志。

十九大报告指出，“我国社会主要矛盾是人民日益增长的美好生活需要和不平衡不充分的发展之间的矛盾”。乡村发展不充分、城乡之间发展不平衡，是我国当下社会主要矛盾的突出表现。因此，“乡村振兴战略”的提出具有非凡的意义。十九大报告在列举“发展不平衡不充分的一些突出问题尚未解决”时就明确讲到“脱贫攻坚任务艰巨，城乡区域发展和收入分配差距依然较大”，所列举的其他问题在乡村中往往也更为突出，如民生领域还有不少需要改进的地方，群众在就业、居住、教育、医疗、养老等方面面临不少困难；社会文明水平尚需提高；社会矛盾和问题交织叠加等。按照十九大“突出抓重点、补短板、强弱项”，特别是要坚决打好包括精准脱贫在内的攻坚战等要求，这些都是要通过实施“乡村振兴战略”来解决。

（二）“乡村振兴战略”的具体要求

中国要强，农村必须强。“乡村振兴战略”的提出，对于中国在2020年全面建成小康社会，2035年基本实现社会主义现代化，21世纪中叶建成富强民主文明和谐美丽的社会主义现代化强国具有举足轻重的意义。为此，中共中央国务院对关于实施“乡村振兴战略”提出了如下要求：

1. 打好精准脱贫攻坚战，增强贫困群众获得感

乡村振兴，摆脱贫困是前提。必须坚持精准扶贫、精准脱贫，把提高脱贫质量放在首位，既不降低扶贫标准，也不吊高胃口，采取更加有力的举措、提供更加集中的支持、做出更加精细的工作，坚决打好精准脱贫这场对全面建成小康社会具有决定性意义的攻坚战。

2. 加强农村基层基础工作，构建乡村治理新体系

乡村振兴，有效治理是基础。必须把夯实基层基础作为固本之策，建立健全党委领导、政府负责、社会协同、公众参与、法治保障的现代乡村社会治理体制，坚持自治、法治、德治相结合，确保乡村社会充满活力、和谐有序。尤其要全面落实村级组织运转经费保障政策，推行村级小微权力清单制度，加大基层小微权力腐败惩处力度。严厉整治惠农补贴、集体资产管理、土地征收等领域侵害农民利益的不正之风和腐败问题。

3. 推进乡村绿色发展，打造人与自然和谐共生发展新格局

乡村振兴，生态宜居是关键。良好生态环境是农村最大优势和宝贵财富。必须尊重自然、顺应自然、保护自然，推动乡村自然资本加快增值，实现百姓富、生态美的统一。要加强农村突出环境问题综合治理，加强农业面源污染防治，开展农业绿色发展行动，实现投入品减量化、生产清洁化、废弃物资源化、产业模式生态化。推进有机肥替代化肥、畜禽粪污处理、农作物秸秆综合利用、废弃农膜回收、病虫害绿色防控。加强农村水环境治理和饮用水水源保

护，实施农村生态清洁小流域建设。

4. 提高农村民生保障水平，塑造美丽乡村新风貌

乡村振兴，必须开展农村教育事业。高度重视发展农村义务教育，推动建立以城带乡、整体推进、城乡一体、均衡发展的义务教育发展机制。全面改善薄弱学校基本办学条件，加强寄宿制学校建设。实施农村义务教育学生营养改善计划，发展农村学前教育。推进农村普及高中阶段教育，支持教育基础薄弱县普通高中建设，加强职业教育，逐步分类推进中等职业教育免除学杂费进程。健全学生资助制度，使绝大多数农村新增劳动力接受高中阶段教育，更多接受高等教育。把农村需要的人群纳入特殊教育体系。以市县为单位，推动优质学校辐射农村薄弱学校常态化。统筹配置城乡师资，并向乡村倾斜，建好建强乡村教师队伍。

5. 实现体制机制创新，强化乡村振兴制度性供给

乡村振兴，必须深化农村土地制度改革。系统总结农村土地征收、集体经营性建设用地入市、宅基地制度改革试点经验，逐步扩大试点，加快土地管理法修改，完善农村土地利用管理政策体系。扎实推进房地一体的农村集体建设用地和宅基地使用权确权登记颁证。完善农民闲置宅基地和闲置农房政策，探索宅基地所有权、资格权、使用权“三权分置”，落实宅基地集体所有权，保障宅基地农户资格权和农民房屋财产权，适度放活宅基地和农民房屋使用权，不得违规违法买卖宅基地，严格实行土地用途管制，严格禁止下乡利用农村宅基地建设别墅大院和私人会馆。在符合土地利用总体规划前提下，允许县级政府通过村土地利用规划，调整优化村庄用地布局，有效利用农村零星分散的存量建设用地；预留部分规划建设用地指标用于单独选址的农业设施和休闲旅游设施等建设。对利用收储农村闲置建设用地发展农村新产业新业态的，给予新增建设用地指标奖励。进一步完善设施农用地政策。

6. 完善投融资渠道，强化乡村振兴投入保障

乡村振兴，必须解决钱从哪里来的问题。要健全投入保障制度，创新投融资机制，加快形成财政优先保障、金融重点倾斜、社会积极参与的多元投入格局，确保投入力度不断增强、总量持续增加。坚持农村金融改革发展的正确方向，健全适合农业农村特点的农村金融体系，推动农村金融机构回归本源，把

更多金融资源配置到农村经济社会发展的重点领域和薄弱环节，更好满足乡村振兴多样化金融需求。要强化金融服务方式创新，防止脱实向虚倾向，严格管控风险，提高金融服务乡村振兴能力和水平。

二、广东千村调查项目介绍

广东千村调查项目是由暨南大学经济与社会研究院发起，暨南大学社会调查中心与共青团暨南大学委员会共同主办的全省性调查项目，其目的是深入广东乡村进行入村入户调研，系统地收集广东省乡村发展的微观数据和相关信息，为广东省乃至全国的乡村振兴建言献策。

广东千村调查于2018年5月正式启动，项目前期由顾问委员会与暨南大学经济与社会研究院多位研究员共同抽样、编制问卷，并开展预调查，针对访问员开展培训。项目中期由暨南大学社会调查中心招募的153位访问员进入100余个行政村、3 000余户农户家进行实地访问，并回收3 000余份有效问卷，问卷由暨南大学社会调查中心进行质控核查。最终，2019年1月，《广东千村调查2018年研究报告》正式发布。广东千村调查研究内容包含以下四方面内容：

（一）精准扶贫战略研究

1. 广东省的精准扶贫政策效果评估

通过广东千村调查，在村级、户级层面进行随机抽样，考察广东省精准扶贫政策的落实情况以及执行实施效果，通过系统比较靠近贫困线的“贫困户”和“非贫困户”在精准扶贫项目工程发生前后各类经济指标的变化，估计出精准扶贫的局部平均效果。评估结果将为广东省扶贫政策的调整提供决策参考，改进精准扶贫工作中存在的问题，推进精准扶贫目标的实现。

2. “一村一品”助力农村精准扶贫研究

“一村一品”是贫困地区开展扶贫开发、帮助农民脱贫致富的重要途径。广东千村调查将搜集代表性行政村及户的相关数据，考察广东省各地区“一村一品”政策的落实情况，各地特色产品的生产规模、销售渠道及经营模式。

（二）乡村治理与乡村运行效率研究

首先，明确目前乡村治理的主体，厘清乡镇政府、乡村精英以及村民自治下选举出的村民代表在治理中分别扮演了什么角色。其次，鉴于乡村的农业税取消的大背景，村庄治理的资金更多依赖上级的转移支付以及村民的一事一议筹款，研究通过问卷调查村庄的基本财政收入来源，从而评估村庄在筹集资金的过程中是否存在困难，是否存在村庄债务问题，以及这些问题会不会对村庄的正常治理活动产生影响。最后，在村庄治理主体和资金来源两者变化的背景下，评估村庄在资金使用和公共服务提供等方面的效率。

（三）农村土壤污染问题及其管控和修复研究

1. 土壤污染对农业生产的影响

估计土壤污染（有机物污染、无机物污染）对农产品产量、质量的影响，评估农户做出的响应，进一步细分农户对产量下降和质量下滑的响应可能存在的差异，探究农户对土壤污染的认知程度如何影响其农业生产决策。

2. 土壤污染对人体健康的影响渠道

估计土壤污染对人体健康的影响，分析土壤污染影响人体健康的主要渠道；估计土壤污染是否存在明显的外溢效应，考察农户对土壤污染危害的规避行为和应对措施的效果，评估土壤污染造成的生命价值损失等。

3. 管控措施的政策效果和修复技术的实际效果评估

考察管控政策是否存在时间滞后问题，评估管控政策和各类修复技术的短期和长期效应，对土壤修复技术进行成本—收益分析等。

（四）教育脱贫战略研究

1. 留守儿童之家建设的效果评估

留守儿童之家示范点分布于非珠三角地域的 12 个市，以 2 ~ 14 岁留守儿童及其临时监护人为服务对象，为儿童及其家庭提供游戏、娱乐、教育、卫生等服务，最终实现在社区层面落实对留守儿童的关爱和保护。

2. “儿童主任”（儿童督导员）试点工作的实施效果评估

2017年广东省民政厅在佛山市三水区、梅州兴宁市、江门市江海区、肇庆四会市这4个试点城市共36个村（社区）开展“儿童主任”（儿童督导员）试点工作。调查问卷设计了与儿童督导员相关的问题，据此研究广东留守儿童和困境儿童相关政策的实施效果。

3. 广东农村教育水平的制约因素分析

本研究内容将从供给侧角度研究各项教育政策的实际作用，从需求侧角度研究广东省农村居民是否低估教育回报率，从而导致教育投入的降低。

三、《广东千村调查2018年研究报告》（节选）

2019年1月10日，《广东千村调查2018年研究报告》正式发布。报告内容如下：

促进农村教育公平，助力广东乡村振兴事业

新时代我国社会主要矛盾已经转化为人民日益增长的美好生活需要和不平衡不充分的发展之间的矛盾，乡村振兴是一项用于改善发展不平衡不充分矛盾的重要战略。如何通过发展乡村让农村的孩子未来不再贫困，是乡村振兴过程中需要攻克的难题，而教育将在解决这一难题中发挥不可替代的先行作用。在十九大报告中，习近平总书记也指出，必须把教育事业放在优先位置，并强调要推进教育公平，努力让每个孩子都能享有公平而有质量的教育。

一、推进农村教育公平的背景

农村留守儿童是农村教育的重点对象。根据民政部2018年的农村留守儿童排查数据，仅仅是双亲都外出打工或双亲一方外出而另一方无监护能力的农村户口留守儿童就有697万。广东作为人口流动和人口总量的大省，2016年省民政厅排查数据显示留守儿童规模约为25万。留守儿童面临的主要问题是

由于长期与父母分离，缺乏亲情关爱而感到孤独，甚至出现心理问题；同时有部分留守儿童由于缺乏父母的正面引导而不重视学业，甚至很早辍学。

长期以来，我国农村教育缺乏优质的资源和令人满意的教育质量。为优化教育资源配置，实现教育均衡发展，2001 年我国正式开始实施撤点并校的政策。撤点并校主要通过撤销、合并办学条件小、弱、贫的学校，开办大规模、高质量的学校。然而，该政策在实施过程中也产生了一些负面影响，如农村儿童上学距离增加，交通费用和生活费用上涨等，这对许多本身收入就不高的农村家庭来说无疑是加剧了生活压力。

二、广东省农村教育现状与问题

（一）义务教育落实有待加强

广东农村九年义务教育的落实情况有待改善。课题组在对比 2018 年广东 16～30 岁的农村中青年人群各受教育程度的占比和 2010 年全国农村中青年人群各受教育程度的占比时发现，在广东农村，占比最高的是初中文化水平（48.60%），其次为高中文化水平（20.64%）；受教育程度为小学及以下的广东农村中青年占比为 14.39%，稍高于 2010 年第六次全国普查中受教育程度为小学及以下的农村中青年占比（13.38%），这表明广东农村有更大比例的中青年没有完成九年义务教育。

广东农村初中年龄阶段儿童的在学率有待提高。2018 年广东农村儿童的小学毛入学率（指某级教育在校生总数比例）为 100.3%，与 2016 年广东全省的小学净入学率（指某级教育在校生数占相应学龄人口总数比例）相等，与 2016 年全国儿童的小学毛入学率基本持平，同时全省小学年龄阶段农村儿童的在学率（某年龄阶段在校生数占相应年龄阶段人口总数比例）为 99.5%。广东农村儿童的初中毛入学率为 95.6%，低于广东全省和全国初中毛入学率，且全省农村初中年龄阶段儿童的在学率为 95.2%，说明广东省农村义务教育的控辍保学措施基本完成，但有待进一步增强，尤其是初中阶段。

广东农村儿童小学毛入学率存在区域差异，粤西农村地区毛入学率相对较低。2018 年广东农村儿童小学毛入学率最高的地区是珠三角农村地区

(108.6%)，毛入学率最低的地区是粤西农村地区（94.5%）。四个地区小学年龄阶段儿童的在学情况较好，在学率均高于99%。另外，粤西农村地区小学年龄阶段在学儿童就读小学的比例在四个地区中最低，而就读幼儿园和初中的比例最高，这可能是造成粤西农村地区小学毛入学率较低的原因之一。

广东农村儿童初中毛入学率最低的地区是珠三角农村地区，初中在学率最低的地区是粤东农村地区。珠三角农村地区的毛入学率最低（87.0%），而其在学率最高（98.3%）。结合珠三角农村地区初中年龄阶段在学儿童就读高中的比例最高，说明珠三角农村地区初中毛入学率较低的一个原因是较多初中年龄阶段的儿童已经进入高中。

（二）农村留守儿童占比近半，留守儿童学业成绩与非留守儿童无显著区别

广东省农村留守儿童的占比近半，超过了全国的平均水平。广东农村留守儿童比例为45.41%，比段成荣用2010年六普数据计算的广东农村留守儿童占广东农村儿童的比例（42.56%）略高，高于全国农村留守儿童占农村儿童的比例（28.52%）。

学龄农村留守儿童的成绩与非留守儿童没有显著差别，且按性别和年龄阶段分组的留守儿童和非留守儿童均没有显著的成绩差别。但父母外出会影响留守儿童的心理健康。留守儿童之家的建设目的是解决留守儿童亲情失落、心理失衡等问题，促进他们健康快乐成长。调查数据显示，6%的行政村已经建成并开始使用留守儿童之家。

（三）村内无中小学增加了家庭在子女教育上的支出

90%的行政村里有小学，而仅12%的行政村里有初中，这可能是农村撤点并校的结果。数据显示，小学和初中大多分布在人口更多的“大村”。

村中没有小学或者初中对家庭的一个重要影响是家庭的教育支出上涨，尤其是生活费用上涨较多。村中没有小学的小学年龄阶段农村儿童的教育相关总花费为3 061元，而村中有小学的同龄儿童的平均教育花费仅为1 927元，相差1 134元。村中没有初中的初中年龄阶段农村儿童的教育相关总花费为3 672元，而若其村中有初中，其平均花费为2 254元，相差1 418元。在教育花费

中，与教育相关的生活费用与村中是否有相应学校的关系较为紧密。村中有小学或者初中，相应年龄阶段的儿童在与教育相关的生活费用上的支出会比村中没有相应学校的儿童的支出分别高 1 142 元和 1 305 元，分别占总花费差距的 101% 和 92%。这可能是因为村中没有学校的学生需要花费更高的交通费，或因寄宿产生了住宿费、伙食费、生活费。而在成绩和在学率上，两类儿童并无显著差异。

三、政策建议

（一）需要进一步提高农村义务教育水平

虽然广东的经济总量在全国领先，但其农村义务教育普及率低于全国的平均水平。推动城乡义务教育一体化发展，提高农村义务教育水平，是以习近平同志为核心的党中央根据新时代我国经济社会主要变化做出的一项重大战略决策部署。为了提高农村义务教育水平，需要进一步加大农村教育经费投入，加大农村学生的生活补助，提升乡村教师的待遇，并提高乡村教育水平。

（二）促进随迁子女教育公平

广东留守儿童群体的基数和比例都较大，这些孩子不能跟随父母的主要原因之一是城市对非本地户籍儿童入学要求有诸多限制。如果城市能够保障随迁子女的教育公平，留守儿童的教育问题将得到关键性的解决。一方面，可以通过放宽中小城市和小城镇的落户条件，鼓励流动人口由大城市向中小城市转移。另一方面，可以逐步解除社会福利与户籍制度的关联，淡化包括子女入学等政策规定中对户口的特殊要求，使流动人口子女在就学方面和城镇居民子女享有同等待遇。

（三）撤点并校要慎重结合学校布局调整方案

撤点并校的初衷是优化教育资源配置，实现教育均衡发展。从 1997 年到 2016 年，农村地区小学数量几乎减半。这一过程不仅压缩了教育财政的比例，还给农民生活带来了负面影响。如果各地政府在调整乡村学校布局的时候能够根据乡村的具体因素，制订科学合理的调整方案，将可能缓解撤点并校对农村学生和家庭带来的负面影响。同时，居住在没有学校的行政村的学生其生活方面的费用会相应地增加，因此建议政府在计划撤点并校的同时调整合并学校的后续配套建设，并加大对居住偏远地区学生的生活补贴，尽量减轻撤点并校给农村家庭带来的生活压力。

（暨南大学经济与社会研究院助理教授　韩昱洁）

推进农村“厕所革命”，完善广东农村卫生公厕建设

农村“厕所革命”是改善农村人居环境和提升农民生活品质的一项重要内容，在建设美丽乡村中具有标志性意义。习近平总书记高度重视农村“厕所革命”，他多次强调：“要在农村来一场‘厕所革命’，努力补齐影响农民群众生活品质的短板。”2018 年中央一号文件《中共中央国务院关于实施乡村振兴战略的意见》中进一步指出“大力开展农村户用卫生厕所建设和改造，同步实施粪污治理，加快实现农村无害化卫生厕所全覆盖”。《农村人居环境整治三年行动方案》中也明确提出在“人口规模较大的村庄配套建设公共厕所，加强改厕与农村生活污水治理的有效衔接”。广东省委、省政府认真贯彻落实习近平总书记关于“厕所革命”的重要指示精神，过去三年在全省“厕所革命”行动中取得一定的成效，新建和改扩建厕所 4 500 余座，农村户用卫生厕所或无害化厕所覆盖率已提升至高位水平，但粤东、粤西和粤北等地区与珠三角地区之间差距仍比较明显，全省农村公共卫生厕所覆盖率并不高，并且在建设资金筹措、日常管理与维护等方面存在困难，农村公共卫生厕所的设计和规划布局也不够合理。解决当前不足需有合理的顶层设计，本文就此提供相关政策建议。

一、广东农村“厕所革命”：成效与目标

广东省委、省政府及相关部门高度重视广东各地区农村卫生厕所、无害化厕所建设与管理，2015 年以来在新建和改扩建厕所方面取得显著成绩。截至 2017 年底，全省农村户用卫生厕所普及率达 95.36%，农村户用无害化卫生厕所普及率达 93.04%。随着农村地区户用卫生厕所和无害化卫生厕所普及率的

稳步提升，我省肠道传染病和寄生虫病防控有效率得到提升。根据广东省疾控中心监测分析，从1999年到2017年，全省细菌性痢疾、伤寒与副伤寒的报告发病率分别下降了88.21%、52.52%。

为进一步推进广东“厕所革命”，广东省住房和城乡建设厅牵头制订了《广东省“厕所革命”新三年行动方案（2018—2020年）》，提出计划在未来三年，全省新建和改建农村公厕10 000座，到2020年实现城乡文明公厕全覆盖，农村无害化户用卫生厕所普及率达100%，基本实现各市厕所数量充足、分布合理、管理有效、服务到位、卫生环保、如厕文明的目标。

二、广东农村“厕所革命”：现状与问题

（一）广东农村公共卫生厕所发展现状

虽然广东各地区农村户用卫生厕所和户用无害化厕所的普及率已经达到高位水平，但当前广东省仍有105万户农村家庭没有配备户用卫生厕所。与此同时，全省乡村旅游业的发展使乡村公共卫生厕所服务需求急剧上升，因此，农村公共卫生厕所将在改善贫困农民群众生活品质和提升乡村旅游体验方面扮演重要角色。针对农村公共卫生厕所普及率、建造年份、资金来源等一系列问题，广东千村调查所得到的具体结果如下：

广东农村地区公共卫生厕所普及率有待提高。一是公共卫生厕所普及不充分，行政村层面拥有公共卫生厕所的村庄比例为58.70%，自然村层面拥有公共卫生厕所的村庄比例仅为29.52%。二是公共卫生厕所普及地区不平衡，表现在珠三角地区的公共卫生厕所普及率明显高于粤东、粤西和粤北地区，珠三角地区的行政村拥有公共卫生厕所的比例为70.45%，非珠三角地区的行政村拥有公共卫生厕所的比例仅为53.19%。

广东农村公共卫生厕所覆盖率增长提速。随着农村经济与社会发展水平的提高，拥有公共卫生厕所的村庄数量逐步增加。1990年之前，138个行政村样本中只有12个拥有公共卫生厕所，210个自然村样本中只有2个拥有公共卫生厕所。2000年以来广东农村公共卫生厕所增量很大，分别有63%的行政村公共卫生厕所、81%的自然村公共卫生厕所修建于2000年之后。2010年以

来，修建公共卫生厕所的自然村的数量增加得很快，大约56%（拥有公共卫生厕所）的自然村的公共卫生厕所修建于这段时间。

修建公共卫生厕所的资金来源以自筹为主。从修建公共卫生厕所的资金来源上看，近半数的村庄（行政村为46%，自然村为47%）修建公共卫生厕所的资金来自本村自筹，小部分行政村修建公共卫生厕所的资金来自政府补贴（22%）或政府和村集体分摊（21%）。自然村修建公共卫生厕所的资金来自行政村、政府补贴或上级补贴、本村分摊的比例分别为15%、18%和11%。少部分行政村（约5%）与自然村（约3%）通过对口帮扶单位提供的资金修建了公共卫生厕所。截至目前，社会资本参与农村公共卫生厕所建设与管理的情况并不多见。

（二）广东农村公共卫生厕所存在的问题

农村公共卫生厕所建设资金难题。修建农村公共卫生厕所需要一笔不小的资金投入。仅建筑材料和人工费用至少需要几万元甚至十几万元，还要加上长期的管理费用与维护费用，这对于集体经济薄弱的农村来说，是一笔很大的开支，不少边远农村根本无法自主筹措足够的资金来修建和维护公共卫生厕所。

农村公共卫生厕所设施简陋，缺乏设计标准。在广东一些偏远地区的农村，不少村庄的公共卫生厕所是村民自行搭建的，并没有按照一定的标准设计和建造，部分公共卫生厕所设计无法有效地对粪便进行无害化处理，厕所内气味难闻、设施简陋，甚至缺乏洗手池和自动冲水设备。这类农村公共卫生厕所并不符合卫生与无害化的要求。

农村公共卫生厕所日常管理和维护缺失。不少地方的农村公共卫生厕所缺乏日常保洁，便盆内存在积粪、洗手盆堵塞、厕纸满地、积水渗水等问题突出。农村公共卫生厕所的管理和维护是一个亟须解决的问题，然而对于诸多村庄来说，保洁人员缺失、招工难以及缺乏足够的预算等都是公共卫生厕所管理与维护方面面临的难题。

农村公共卫生厕所规划和布局不尽合理。一些地区的农村公共卫生厕所位置较偏，无厕户（尤其农村老人）面临夜间如厕不便的问题。此外，随着乡村旅游的兴起，广东乡村旅游接待人数迅速增长，农村公共卫生厕所配套不足的问题迅速暴露出来，乡村旅游过程中“找厕难”“如厕难”问题相当严重，直接降低了乡村旅游的质量。

三、广东农村“厕所革命”：政策与建议

一是加大转移支付的力度，从资金上扶持贫困地区农村修建和管理、维护公共卫生厕所。贫困地区农村的村集体经济基础薄弱，难以自筹资金修建和管理、维护公共卫生厕所。提升全省农村公共卫生厕所普及率需要政府部门给予资金支持，尤其是对边远的贫困村。建议设立农村公共卫生厕所财政专项资金，用于农村公共卫生厕所的修建和管理、维护。

二是创新筹资模式，破解修建农村公共卫生厕所的资金难题。除了各级政府相关部门给予财政支持外，还应该创新资金筹措模式，鼓励社会资本参与公共卫生厕所建设和运营管理。部分有条件的地区（比如生态旅游村、文化村、红色革命村）可以先进行试点工作，探索“以商建厕、以商管厕、以商养厕”的新型模式，广泛利用社会资本来缓解资金难题。

三是强化激励机制，管理和维护好农村公共卫生厕所。包括公共卫生厕所保洁在内的日常管理、维护工作是维持农村公共卫生厕所基本功能的重要保证。建议创新激励机制，解决好保洁人员缺失、招工难问题。比如，将保洁工作与精准扶贫有机结合起来，通过职业培训并安排村内贫困户从事公共卫生厕所保洁工作，既解决了贫困户就业问题，也实现了贫困户脱贫的目标。

四是完善卫生、无害化厕所设计标准，合理规划和布局农村公共卫生厕所。建议广东省住房和城乡建设部门制定农村公共卫生厕所的最低设计标准，使其满足卫生、无害化的基本要求。农村公共卫生厕所要求满足以下四点：①有水源引入；②有冲水设备；③有大三格化粪井；④有保洁服务。最后，各地区要合理规划和布局农村公共卫生厕所，使其布局合理，尽量靠近那些缺乏户用卫生厕所的贫困居民，同时确保其位置好找，容易定位，有效解决乡村旅游中面临的“找厕难”“如厕难”问题。

（暨南大学经济与社会研究院助理教授　李承政）

动态瞄准扶贫目标，夯实广东精准扶贫工作

2016 年，根据中央统一部署，广东省委、省政府做出全面实施精准扶贫、精准脱贫基本方略，坚决打赢脱贫攻坚战的决策部署。以 4 000 元为新的扶贫标准，全省认定相对贫困村 2 277 个，相对贫困人口 70.8 万户、176.5 万人，明确到 2020 年如期完成脱贫攻坚任务的总体目标。至 2017 年底，全省劳动能力相对贫困人口年人均可支配收入达 8 093 元，累计约 116 万相对贫困人口实现预脱贫，现行标准下农村贫困发生率从 4.54% 降至 1.52% 以下。

本文分别就广东省精准扶贫的实施现状、主要问题进行阐述，并提出相关政策建议。

一、广东省精准扶贫实施情况

广东省以农村居民年人均可支配收入低于 4 000 元（2014 年不变价）作为相对贫困人口的认定标准，同时要求综合考虑“三保障”（教育、医疗、住房）和家庭支出等实际情况进行评议。广东省千村调查访问了家户“你们家是否是建档立卡贫困户”，并且详细统计了家户的各项收入。从广东省千村调查数据来看，2018 年广东省精准贫困率约为 6.69%，相对贫困率约为 1.93%。而广东省公布的 2017 年底官方相对贫困率为 1.52%，千村调查的结果略高于官方统计。分区域来看，珠三角地区精准贫困率和相对贫困率水平均低于东翼、西翼和山区三个区域，其中东翼、西翼的扶贫压力最大。

二、广东省精准扶贫存在的问题

（一）精准扶贫目标有待动态化瞄准

在识别扶贫对象时，我们需要综合考虑农村居民人均可支配收入和家庭支出因素，支出方面应该侧重农户在子女教育、医疗保障和改善住房三个方面的投入和消费。我们比较了精准贫困户和收入最低 10% 的家户的相关特征，发现精准贫困户和非精准贫困户在人口结构和社会经济背景方面存在显著的差异。从人口结构来看，精准贫困户家庭总人口更少，求学人口更多，没有劳动

能力的人口比例更高。从社会经济背景变量来看，精准贫困户的人均非农劳动时间、人均外出工作收入、外出工作寄回家的收入、人均可支配收入和人均消费均高于收入最低10%的家户。由于2017年精准贫困户部分收到了政府发放的扶贫款，为了剔除这部分因素的影响，我们计算了精准贫困户人均可支配收入（减去扶贫款）。精准贫困户人均可支配收入仍然高于收入最低10%的家户。

目前来看，广东省精准扶贫政策并非瞄准收入最低的群体，但这并不意味着精准扶贫目标的选取不合理。尽管精准贫困户的人均收入状况好于收入最低10%的家户，但是他们面临家庭劳动力配置不足和抚养压力过重的问题。另外，问卷中的收入部分询问的是现在的收入，并没有追溯精准扶贫政策实施之前的收入情况，虽然我们尝试在收入中剔除扶贫款，但是仍然不够准确。因此，精准扶贫户的人均可支配收入显著高于收入最低10%的家户，这可能本身是扶贫政策的效果。

（二）行政村扶贫款的利用仍需加强管理

2016—2018年，广东省各级财政支持新时期扶贫攻坚一揽子资金安排主要包括“扶贫开发”“低保兜底”“专项保障”等三大方向。从全省整体来看，有86.86%的精准贫困户收到了扶贫款，其中珠三角地区达到94.44%，东翼地区最低，只有82.76%。总共有75%的行政村的全部精准贫困户都收到了扶贫款，其中珠三角地区最高，达到90.9%，粤西地区最低，只有70.8%。同时，全省总共有5.6%的行政村其所有的精准贫困户均表示未收到扶贫款，山区未收到扶贫款的村庄比例高达12.5%。广东省家户收到的扶贫款平均达到7 904元，但是地区之间差异很大。珠三角地区平均每户收到的扶贫款仅为2 914元，而西翼地区达到11 082元，相差近三倍。

无论扶贫款是由本省、市、县下拨，还是来自对口帮扶单位或者外来企业，村民最终收到扶贫款的行政村收到各类扶贫资金的概率确实较高。村民收到扶贫款的行政村按照规定用途使用扶贫款的比例高达88.65%，灵活使用的比例较低，只有8.86%。相比之下，村民未收到扶贫款的行政村按规定使用扶贫款的比例只有85%，灵活使用的比例高达15%。村民未收到扶贫款的行政村，主要将扶贫款用于办公支出和购买农业生产资料。这里的办公支出包括“村干部补贴与办公费用”“办公经费”等项目。事实上，有关扶贫开发资金的使用规定明确指出，扶贫开发资金不得用于行政事业单位基本支出和各项奖金、津贴及福利补助。村民收到扶贫款的行政村，扶贫款主要用于购买农业生产资料和支持村公益事业。总体来看，行政村层面扶贫款管理的规范化程度直接关系到村民最终是否能收到扶贫款，从目前的情况来看，广东省西翼和山区地区对扶贫款的管理还有待加强。

（三）精准扶贫工程项目参与率有待提高

精准扶贫八项工程包括产业发展扶贫工程、劳动力就业扶贫工程、社会保障扶贫工程、教育文化扶贫工程、医疗保险和医疗救助保障扶贫工程、危房改造扶贫工程、金融扶持扶贫工程、资产收益扶贫工程。家户主要参与社会保障扶贫工程多，参与项目分红扶贫工程的较少。尽管家户会将扶贫款的一部分投入农业生产，但更多的是将资金投入生活消费、看病就医、子女教育和建房等民生方面。将扶贫款存入银行和投入收益项目的家户非常少。产业发展扶贫工程中，“产业扶贫”“光伏扶贫”和“一村一品”三大政策的推广和参与效果最好。

三、有关推进广东省精准扶贫的政策建议

精准确定扶贫对象，需要考虑长期收入能力和家庭负担，实现动态化瞄准。精准扶贫的要义在于六个精准，即扶贫对象精准、项目安排精准、资金使用精准、措施到户精准、贫困村派人（第一书记）精准、脱贫成效精准。扶贫对象精准是实现其他五个精准的首要条件。要实现动态化瞄准，行政村要随时更新村民家庭情况，保证扶贫户及时进入和退出精准扶贫项目。要区分家户致贫是长期收入能力受限还是短期家庭负担过重，针对不同情况向家户推广不同的精准扶贫工程项目。

（一）精准使用扶贫资金，需要规范行政村管理机制，兼顾村民长、短期收益

2018 年广东省将安排 616.8 亿元支持实施“乡村振兴战略”，为历年规模

最大，加上其他用于“三农”的资金，支农资金总规模将达 1 054.54 亿元。尽管从省级财政来看，整个“乡村振兴战略”的支持力度非常强，但是只有 86.86% 的精准贫困户在 2017 年收到了扶贫款。行政村在推行精准扶贫工程和发放扶贫款方面存在一些权衡，精准扶贫工程项目实施力度更大的行政村，家户直接收到扶贫款的概率下降。精准扶贫工程项目从长期来看可以产生造血功能，但是短期改善精准扶贫户的收入和生活水平可能效果有限。我们认为村委会应该兼顾长、短期收益，根据行政村和精准贫困户本身的情况，因地制宜，实现扶贫款的效益最大化。

（二）精准安排扶贫项目，需要行政村加大对精准扶贫工程项目的推广，切实帮助农户增加收入，提高农户参与精准扶贫工程项目的积极性

从广东千村调查的结果来看，目前村民参与精准扶贫工程项目的热情还不是特别高涨，而参与民生扶贫工程项目的热情更高。民生扶贫花钱少，见效快，但容易导致新致贫、返贫。扶贫如果要实现“断穷根”，必须推广产业扶贫机制，将产业扶贫视为重中之重。我们建议，一方面，产业帮扶要实现精准化，量身定做产业帮扶政策，合理调配统筹扶贫资源。另一方面，产业帮扶要花大力气将贫困地区的农产品变成有市场竞争力的商品，要善于建立有特色、有规模、有实效的扶贫产业链条，真正把贫困群体纳入到精准帮扶的产业链条主体中去，实现持续发展和永续脱贫。

（暨南大学经济与社会研究院助理教授　牛梦琦）

提升乡村治理水平，奠定乡村振兴基石

2018 年 10 月 23 日，习近平总书记来到广东清远农村考察时再次指出：“既要加快脱贫致富，又要推动乡村全面振兴、走向现代化。”实施“乡村振兴战略”是一项系统工程，乡村治理是其中的基础一环，关系乡村振兴的成败。乡村治理是否有效，不仅决定着乡村社会的发展、繁荣和稳定，也体现国家治理的整体水平。十九大明确提出新时代乡村治理的具体内容，就是要

“加强农村基层基础工作，健全自治、法治、德治相结合的乡村治理体系，培养造就一支懂农业、爱农村、爱农民的‘三农’工作队伍”。

本文对广东乡村治理现状进行了总结，并针对存在的问题提出对策建议。

一、广东乡村治理的现状特点

（一）广东地区宗族文化盛行，单姓村较为普遍

在广东地区，祠堂文化较为盛行，平均71%的村有第一大姓祠堂。其中以东翼地区比例最高，接近93%的村都有第一大姓祠堂。这可能与当地鲜明的地区文化有关，东翼地区主要包括汕头、潮州、揭阳、梅州、汕尾，属于传统潮汕文化及客家文化地区，这一地区的传统文化得到了良好的保留与传承。山区次之，平均76%的村有第一大姓祠堂。相比较而言，西翼地区和珠三角有第一大姓祠堂的比例则低得多，不到60%。

从老人会这一民间传统组织来看，广东省有老人会的行政村比例不算太高，但东翼地区一枝独秀。总的来说，广东省有老人会的行政村平均比例为48%，不到一半。其中珠三角地区比例最低，不到20%的行政村有老人会。西翼和山区地区比例稍高，分别为46%和33%。东翼地区则形成鲜明对比，有老人会的行政村比例达到了近86%，远高于广东其他地区。

同宗同源的单一姓氏村落也是广东乡村结构的重要特征，一个村平均一半的人共用一个姓。从第一大姓占比来看，东翼地区这一比例更高。总体而言，广东农村行政村第一大姓人口占比平均约为50%。珠三角、山区和西翼地区则低于平均值，第一大姓人口占比分别为48%、44%和46%。东翼地区这一比例更高，第一大姓人口占比为70%，这意味着，在10个人中，就有7个人拥有相同姓氏。

（二）村议事方式多元，重大集体决策公示

总的来说，受访村在做重大集体决策时，主要是通过民主投票、村干部投票和上级政府决定三种方式，老人会等宗族组织影响有限。具体而言，约37%的重大集体决策是由上级政府做出，约68%的重大集体决策由村民大会

投票做出，还有约27%的重大集体决策由村干部投票做出。在做重大集体决策时，老人会的影响有限，只有约5%的重大集体决策由老人会决定。

重大集体决策基本在决定前进行了公示。有95%的受访村在重大集体决策决定前都进行了公示，有4%是“部分公示、部分没有公示”，只有1%没有在决定前公示。分地区来看，东翼地区和西翼地区公示比例最高，达到96%，山区地区次之，珠三角地区相对最低，为91%。

（三）广东乡村地区间公共服务供给不充分、不平衡

总体而言，当前广东乡村地区公共服务供给尚不充分。当前提供了清洁卫生公共服务的自然村比例为60%，提供了贫困家庭关爱公共服务、残疾人照顾、老年人照顾的自然村比例分别为54%、46%和40%，提供了少年儿童关爱服务的自然村比例最低，约31%。

不平衡的公共服务供给体现在公共服务购买方面。分地区来看，珠三角与东翼、西翼、山区地区公共服务购买情况呈现差异。珠三角地区的公共服务购买领域集中在残疾人照顾、贫困家庭关爱及卫生清洁，三者比重几乎一样（接近80%）。而在东翼、西翼及山区地区，公务服务购买领域分配比较均匀，普遍不足60%，皆低于珠三角地区，在贫困家庭关爱及卫生清洁方面比重稍高。

二、广东乡村治理问题及对策建议

（一）充分发挥宗族组织影响力，有效服务乡村治理

宗族文化浓厚是广东农村的一个鲜明特色，要充分利用宗族组织为广东乡村治理服务。一是发挥宗族在乡村治理体系中的特殊作用，引领他们积极参与到乡村治理中，实现共建共联共治共享，打造新时期乡村治理新格局。二是发挥宗族在扫黑除恶中的预防作用。通过宗族的血缘关系，在预防、教育方面发挥积极引导作用，把恶势力、小问题扼杀在萌芽中。三是发挥宗族在促进乡风文明建设中的带动作用。乡风文明既是“乡村振兴战略”的目标，也是重要手段，有了良好的乡风文明，才能更好地实现乡村治理、推动乡村经济发展。

四是发挥宗族能人在乡村发展致富中的助推作用。宗族中在事业及学业等方面的成功人士，在乡村具有不可替代的示范和榜样作用。

（二）警惕强大宗族势力可能带来消极影响，对宗族组织进行有效的引导和管理

不能忽视的是，宗族势力过强可能导致出现乡村利益集团化，阻碍民主管理。具体表现在：一是可能对基层民主选举造成干扰。在宗族势力过强的地区，可能会出现某些宗族为了本宗族的利益参与甚至操纵村委会选举。二是可能破坏村民的民主决策和民主管理。在村委会的选举过程中，各家族为了让本族的精英分子进入村委会班子，可能会采取互相串通、走访拉票等不正当手段来影响选举结果。这些精英可能会在村集体事务决策时偏向于照顾本宗族的利益。例如，在广东千村调查的过程中，有受访村民反映“在村上没有说得上话的人”。

（三）大力开展乡村技能人才培训，应对乡村人口空心化问题

根据广东千村调查样本，全年外出务工人员中已婚的比例（53%）低，担任或担任过村干部的比例（0.3%）更低，主要为年轻（16～24岁占比25%，25～34岁占比47%）和教育程度较高（高中学历占比18%，大专及以上学历占比12%）的群体。这使得农村人口在年龄上分布不合理，乡村治理参与主体断层，村领导班子无法注入新生力量、治理方式固化，无法适应新形势下村民的多元化需求。对此，一是要培养有文化、懂技术、会经营的新型农民，引进和造就各种专门人才。二是扩展渠道、创新制度，合理保障外出务工人员的乡村政治参与。适当增加外出人口作为村民代表的比例，合理调整村民代表会议、村民大会、村委会选举时间，严格控制委托投票，保障外出人口能够参与到村庄的公共事务管理中。三是切实保障农村三留守群体应有的参与公共事务的权利。

（四）提高村民在集体事务中的参与度，加强基层民主政治建设

调查结果显示，在农村重大集体决策是否公示这一问题上，村干部和村民的回答结果并不一致。比如村干部的回答显示95%的重大集体决策都进行了

公示，但是在精准扶贫的家户问卷中关于精准贫困户的确定公示率低于这一比例。农村重大集体决策主要包括村委财务开支、集体资产资源处置、集体土地征收及征收款发放、低保（五保）申请、救灾救济款物发放、大病救助申请、发展党员、贫困户申报、贫困户退出等，都是村民比较关心的大问题。提高村民在重大集体决策中的参与程度，对加强基层民主、提高公共资源分配的公平程度，以及整个乡村治理水平具有重大意义。对此，应因地制宜，根据广东乡村不同情况，针对不同乡村主体加强培训教育，提高村干部民主素养和村民议事能力。

（暨南大学经济与社会研究院助理教授　李书娟）

产业共建助推区域协调发展，促进粤东西北人口城镇化

2016年广东省委提出大力推动珠三角与粤东西北地区产业共建，旨在以此为抓手，破解长期以来珠三角（指广州、深圳、珠海、佛山、惠州、东莞、中山、江门和肇庆）与粤东西北地区（粤东地区指汕头、汕尾、潮州和揭阳；粤西地区指阳江、湛江和茂名；粤北山区指韶关、河源、梅州、清远和云浮）发展不平衡的难题。产业共建的目的一方面是加速粤东西北地区生产力的提升，实现产业升级和结构调整；另一方面是解决当地的就业问题，加快当地人口城镇化进程。近三年来，粤东西北地区农村劳动力外出务工比例逐步上升，本地非农就业比例逐步下降，产业转移园区吸纳本地劳动力的作用有限。粤东地区和粤西地区农村外出务工者中有20%左右选择本地就业，而粤北山区农村只有10%左右的外出务工者选择就近工作。基于上述发现，笔者认为，未来广东的区域协调发展政策应该注重以下三方面内容：一是继续大力推进珠三角与粤东西北地区产业共建，着重发挥产业共建的就业带动效应；二是坚持推进粤东西北地区中心城区扩容提质，发挥中心城区人口集聚效应；三是加快粤东西北地区户籍制度改革进程，吸引当地农业转移人口落户城镇。

一、珠三角与粤东西北地区产业共建的就业效应不明显

2013年广东省政府在《关于进一步促进粤东西北地区振兴发展的决定》

中，将产业园区扩能增效作为振兴粤东西北的“三大抓手”之一。2016 年广东省委提出大力推动珠三角与粤东西北地区产业共建，促进粤东西北协调发展。产业共建的目的除了加速粤东西北生产力的提升、产业升级和结构调整，还有重要的一点就是解决当地的就业问题，加快当地人口城镇化进程。

珠三角与粤东西北地区产业共建对于吸纳当地农村劳动力就近就业的作用并不明显。广东省人力资源和社会保障厅的统计数据显示，2015 年第二季度至 2018 年第一季度，全省 42 个省级产业转移园区吸纳劳动力总量无明显增长，基本保持在 78 万人左右，其中本省劳动力数量维持在 60 万人左右，也无明显变化。而同时期粤东西北农村劳动力外出务工的比例逐步上升，从 2015 年第三季度的 36.7% 上升到 2018 年第一季度的 48.4%；而本地非农就业的比例则不断下降，从 2015 年第三季度的 16.6% 下降到 2016 年第四季度的 13.8%，之后广东省人力资源和社会保障厅未再公布该指标。以上数据表明，产业共建对于吸纳当地农村劳动力就近就业的作用并不明显，大量农村劳动力依然选择外出务工，主要是前往珠三角地区务工。

二、粤东西北农村劳动力外出务工情况

广东千村调查数据显示，在劳动力流向方面，珠三角地区吸纳了省内大部分农民工，粤东和粤西地区的产业共建对当地农村劳动力的吸纳作用成效初显。基于约 1 400 名外出农村劳动力样本的统计数据显示，2017 年粤东西北地区外出农村劳动力中有 78.5% 选择前往珠三角地区务工，有 18% 在粤东西北地区务工，另有 3.5% 前往省外务工。另外，分地区来看，粤东地区外出农村劳动力中有 72.8% 在珠三角地区务工，19.9% 留在粤东地区务工；粤西地区外出农村劳动力中有 74.1% 在珠三角地区务工，21.8% 留在粤西地区务工。与此形成鲜明对比的是，粤北山区外出农村劳动力中在珠三角地区务工的比例高达 88.3%，只有 10.3% 留在粤北山区务工。以上对比分析表明，随着产业共建的推进，粤东和粤西地区的产业发展已经对当地农村劳动力形成了一定的吸纳能力，而最为落后的粤北山区在解决当地农民就近就业的能力上仍存在较大差距。

在务工收入方面，留在粤北山区务工的少数当地农村劳动力因为高收入的补偿才没有流向珠三角或省外。粤东西北外出农村劳动力在珠三角务工月收入的均值为3 050元，中位数为2 750元；在粤东西北地区务工月收入的均值为2 558元，中位数为2 166元；而在省外务工月收入的均值最高，达到4 024元，中位数也最高，达到3 658元。分地区来看，在粤东地区和粤西地区务工的平均月收入分别为2 376元和2 391元，而在粤北山区务工的平均月收入达到3 208元。总体而言，尽管粤北山区的少数当地农村劳动力收入较高，但当地非农就业机会不多，对当地农村劳动力缺乏吸引力，只有十分之一的粤北山区农村劳动力选择在本地务工。

三、政策建议

基于上述分析，笔者认为，为了引导农村劳动力就近非农就业，加速推进粤东西北人口城镇化进程，相关政策应注意以下几个方面：

（一）继续坚持推进珠三角与粤东西北地区产业共建，着重发挥产业共建的就业带动效应，政策适度向粤北山区倾斜

产业共建在提高生产力水平的同时，也会产生就业带动效应。产业发展确实会产生大量劳动力需求，如果能够解决当地农村劳动力的就业问题，则是最理想的情形。目前看来，粤东地区和粤西地区的产业发展已经对当地农村劳动力具有一定的吸引力，有20%的当地农村劳动力选择就近就业，而粤北山区的情况则不理想。历史上来看，粤北山区在各方面较为落后，贫困人口较为集中，是粤东西北振兴战略规划中的短板，产业共建政策应该对粤北山区有所倾斜，切实提高其解决当地农村劳动力就业的能力。

（二）继续坚持推进粤东西北地区中心城区扩容提质，发挥中心城区人口集聚效应

粤东西北区域经济的发展需要产业聚集与人口聚集同时发挥作用。实现当地农业转移人口落户城镇，才是以人为本的新型城镇化的最终目的。目前看来，粤东西北地区各自的中心城市汕头、茂名、韶关的资源聚集、人口聚集辐

射带动周边城市的作用仍有较大的提升空间。产业共建带动就业集聚，扩容提质增强城市人口承载能力，两者共同发力才能更好地吸引粤东西北农村劳动力就近就业和落户城镇，带动粤东西北户籍人口城镇化率的加速提升。

（三）加快粤东西北地区户籍制度改革进程，吸引当地农业转移人口落户城镇

目前，广东省常住人口向珠三角中心城市聚集的趋势仍十分明显。广东省将努力在2020年实现1 300万左右的农业转移人口和其他常住人口在城镇落户，其中包括省内人口600万，省外流动人口700万。但长期来看，珠三角各大城市，尤其是广州和深圳两个超大城市的人口规模会有所控制，并且会吸纳相当部分的省外流动人口。而在省内，推动人口城镇化的重点区域就是在粤东西北地区。粤东西北地区多个城市目前的落户政策是，合法稳定就业满3年并有合法稳定住所，同时按照有关规定参加社会保险满3年的人员，本人及其共同居住生活的配偶、未成年子女、父母等，可以在当地申请登记常住户口。广东千村调查的数据显示，粤东西北地区外出农村劳动力的特征是年富力强、受教育程度较高、未婚比例较高，他们正是粤东西北地区产业发展所需要的劳动力，也应该是粤东西北地区人口城镇化所要重点吸引的对象。笔者认为，粤东西北地区城市应当进一步适度放宽落户条件，鼓励和吸引当地农民就近落户城镇，长期稳定就业，真正形成中心城市的人口集聚。

（暨南大学经济与社会研究院副教授　卢晶亮）

着力农村环境突出问题，实现广东乡村可持续发展

乡村振兴，生态宜居是关键。《中共中央国务院关于实施乡村振兴战略的意见》（2018年中央一号文件）明确提出“要加强农业面源污染防治，开展农业绿色发展行动，实现投入品减量化、生产清洁化、废弃物资源化、产业模式生态化。推进有机肥替代化肥、畜禽粪污处理、农作物秸秆综合利用、废弃农膜回收、病虫害绿色防控。加强农村水环境治理和农村饮用水水源保护，实

施农村生态清洁小流域建设。推进重金属污染耕地防控和修复，开展土壤污染治理与修复技术应用试点。严禁工业和城镇污染向农业农村转移”等一系列具体要求。广东省委、省政府和广东省环保厅等单位高度重视农村生态环境保护工作，先后出台了《广东省农村环境保护行动计划（2014—2017年）》和《广东省环境保护厅关于农村环境保护“十三五”的规划》等政策文件，着力改善广东农村地区的人居环境。

一、广东农村地区突出的生态环境问题

（一）水土流失问题比较普遍

水土流失问题或将成为广东农村地区面临的一个潜在生态风险，调查发现水土流失程度为一般或者严重的村庄比例比较高（占比约43%），主要集中在揭阳（3个行政村）、湛江（3个行政村）和河源（2个行政村）三个地级市。此外，土地盐碱化（盐渍化）主要集中在粤西沿海和珠三角地区的村庄，土地沙漠化主要集中在粤西地区的村庄。

（二）农户施用化肥农药比例高，用量地区差异明显

从事种植业的农户生产过程中施用化肥与农药的比重高（分别为88%和86%），施用农家肥的农户比重稍低一些（约68%）。2017年农户平均化肥施用量约为354千克，亩均化肥施用量为161千克，亩均化肥花费为610元。农户施用最多的化肥是复合肥（58.6%），其次依次为氮肥、磷肥和尿素等。2017年农户亩均农药花费为251元。分地区来看，东、西两翼地区的农户亩均化肥和亩均农药花费支出要明显高于珠三角和山区的农户，东翼农户亩均化肥花费约为794元，西翼农户亩均农药花费约为304元。此外，调查发现一些村庄推行过化肥农药两减政策（占比54%）或进行过测土配方施肥（占比28%）。

（三）村庄附近高污染工矿企业种类繁多，管制措施有待加强

在调查的100个行政村中有9个周边有矿山开矿，有40个附近建有工厂。矿山类型主要为各类石矿和重金属矿，工厂企业则类型繁多，包括五金厂、陶瓷厂、竹木材加工厂、皮革厂、造纸厂、印染厂、石灰厂等带有污染性质的工

业企业。根据受访者的回答，将近七成的行政村采取过环境污染管制措施。目前污染管制措施以水污染管制措施为主，空气污染和土壤污染管制的比例较低。

（四）耕地污染知晓度低，调查及修复工作尚未全面铺开

从家户问卷调查的情况看，听说过土壤污染的农户占比为35%左右，听说过土壤重金属污染的农户占比为21%左右。其中，有4个村庄对被污染的土地进行过修复。总的来说，村民对土壤污染和土壤重金属污染现象的了解程度较低，这可能是由于目前土壤污染调查与修复工作主要集中在污染耕地集中区，并未在省内全面展开。

（五）缺水问题不严重，但部分村庄水质待改善

绝大部分村庄生活用水和灌溉用水均不存在严重短缺的现象。受访户认为本村生活用水严重短缺的占比为3.6%左右，认为灌溉用水严重短缺的占比稍高，为5.8%左右。受访村居民的生活饮用水主要来源为自来水、井水和山泉水（三者合计占比98%左右），认为本村饮用水不干净的村民占比为16%左右[含比较不干净（10.2%）和非常不干净（5.7%）]，认为灌溉用水不干净的占比为24%左右[含比较不干净（15.6%）和非常不干净（8.7%）]。

（六）生活垃圾处理比例高，但秸秆还田机制尚未建立

村庄生活垃圾基本获得专门处理。93%的受访行政村的生活垃圾会由专门的机构运走处理，67%的行政村拥有专门的生活垃圾场。对自然村的村民调研发现，大约有40%的受访自然村拥有生活垃圾场，90%以上的自然村生活垃圾获得了专门处理。然而，对于农田秸秆的处理方式，调查结果显示，大多数受访户采取田间焚烧（占比43%）和运回家做柴火（占比23%）的方式来处理，并未有效环保地实现秸秆还田处理。

二、政策建议

（一）着力治理水土流失，应对盐碱化（盐渍化）

一是针对水土流失严重地区（占比12%），继续推行退耕还林还草工程，

进行小流域综合治理、推广深耕改土等农业技术措施，努力保持水土，治理水土流失和缓解土地荒漠化。二是对于土地盐碱化（盐渍化）严重的地区（占比8%，集中于湛江和茂名等地市），相关部门应该推广耐盐作物的种植范围，指导农户科学施肥和改良种植制度，减缓和应对土地盐碱化（盐渍化）。

（二）推进农业清洁生产，鼓励发展生态农业

一是积极推进农业清洁生产，大力推广测土配方施肥，全面治理农业面源污染，进一步推行化肥、农药两减政策，探索研究农田化肥、农药减量增效技术。二是鉴于当前农户化肥、农药使用比例仍非常高，建议推广科学施肥方法，提高施肥施药效率。此外，相关部门应给予财政资金扶持，大力推广生物农药和高效、低毒、低残留农药，鼓励使用有机肥、绿肥，禁止剧毒农药的生产和销售。三是进一步完善绿色生态有机认证制度，鼓励农民种植无公害、绿色、有机农产品。

（三）严格工矿企业准入，强化监管和污染治理

一是严格对照《广东省环境保护厅关于农村环境保护“十三五”的规划》工作要求，狠抓农村地区工业企业污染防治。清理淘汰工艺落后、污染严重的村级工业企业。二是严格矿产资源开发利用项目审批，对矿产资源总体规划环境影响评价不达标的地区，不允许开发矿产资源项目。三是加快推进电镀、鞣革、印染、化工、陶瓷、五金、石灰、危险废物处置等重污染行业工业园区建设，要求所有重污染企业全部进入园区，实施统一管理、集中治污。

（四）开展耕地污染调查，治理和修复被污染耕地

一是开展全省农产品产地土壤重金属污染状况调查，建立农产品产地土壤环境质量档案和土壤污染分级管理制度。二是按照土壤污染程度，对耕地进行分类管理：①对于干净的耕地，必须重点保护，避免其遭受污染；②对污染程度较低，仍可作为耕地使用的耕地，采取种植结构调整、农艺调控、土壤污染治理与修复等措施，确保其安全利用；③对于污染严重的耕地，及时调整种植结构（比如改种非食用作物），对不适宜种植的土地，明令禁止再生产农产品。三是因地制宜开展受污染耕地综合治理试点示范，加速建设出一批受污染

耕地土壤治理修复试点示范工程。

（五）全面推行河长制，加强对水源地的保护工作

一是继续强化和规范管理已建成的农村饮水安全工程，加强农村供水行业管理和水质卫生检测，提升农村自来水水质达标率。二是全面推行河长制，明确各级河长的职责，着力保护好农村饮用水水源，从源头上保障农村饮用水安全。三是推进农村生活污水治理和周边企业排污处理，避免农业灌溉用水遭受污染。

（六）有效处理农村生活垃圾和秸秆

一是进一步推进农村生活垃圾无害化处理设施建设，完善农村生活垃圾收运体系建设，尽快让农村生活垃圾处理实现自然村全覆盖。二是建议加强宣传教育，指导农户科学有效地处理秸秆，制定严格的管控措施禁止农户在田间焚烧秸秆，鼓励农户对秸秆进行科学处理，实现秸秆还田。

（暨南大学经济与社会研究院助理教授　李承政）

Ⅱ

万事俱备　蓄势待发

一、广东乡村振兴暨千村调查研讨会

2018 年 5 月 18 日，在本次调查正式开展前，项目组成员齐聚一堂，召开了“广东乡村振兴暨千村调查研讨会”，研究团队与业界人士围绕“乡村振兴战略”，就广东乡村的发展展开了热烈讨论。会议丰富了乡村振兴理论，进一步完善了乡村调查问卷。同时，紧扣十九大重大决策部署及中共中央国务院关于实施“乡村振兴战略”的意见，广东千村调查进一步明确了调研方向。

研讨会邀请的专家包括：中国人民大学经济学院教授、国务院发展研究中心农村研究部前副部长刘守英，南京农业大学经济管理学院教授、人文社科处处长周应恒，浙江大学公共管理学院教授、中科院百人计划“引进国外杰出人才”石敏俊，暨南大学经济与社会研究院特聘教授、北京社科院研究员韩嘉玲。暨南大学经济与社会研究院的研究团队包括：暨南大学经济与社会研究

图 2－1　广东乡村振兴暨千村调查研讨会参会人员合影

院院长、长江学者、国家杰青冯帅章教授，暨南大学经济与社会研究院副院长、政策研究中心副主任张思思，暨南大学经济与社会研究院副教授史炜、卢晶亮，助理教授薄诗雨、韩昱洁、李承政、马祥、牛梦琦、谢斌、薛森。

二、广东千村调查宣讲会

2018 年 6 月 15 日，广东千村调查第一轮宣讲会在暨南大学举办，千村调查项目执行负责人花芯带领项目组成员及部分暨南大学社会调查协会成员参加了本次宣讲会。花芯向同学们详细介绍了千村调查项目开展的背景、意义、招募计划及后续安排。千村调查将深入广东乡村进行入村入户调研，从精准扶贫战略、乡村治理与乡村运行效率、农村生态环境、教育脱贫战略、农村城镇化过程中的征地问题、农村金融改革等角度出发，系统地收集广东省乡村发展的微观数据和相关信息，并利用收集到的一手数据研究“三农”问题，实现学术研究与政策研究的有机结合，为广东省乃至全国的乡村振兴建言献策。暨大学子李蔚作为 2017 中国家庭就业调查项目的学生代表分享了参与项目的体验和感受。社会调查不仅能够增长见闻、深入基层、了解社会，还能获得更多学术研究启发，促进自我发展。花芯鼓励同学们积极参加社会调查中心的项目。

图 2－2　千村调查项目执行负责人花芯向参会同学做介绍

图 2－3　学生代表李蔚分享参与调查项目的经历和感受

图2－4　参会学生向花芯提问

图2－5　部分参会学生与项目负责人、项目组成员合照

三、培训与预调查

（一）全方位培训

2018 年 7 月 21 日，广东千村调查项目启动仪式暨第一次调查培训会在暨南大学举行。出席本次活动的师生包括暨南大学经济与社会研究院院长冯帅章，共青团暨南大学委员会书记成品兴，暨南大学经济与社会研究院助理教

图2－6　2018 年广东千村调查项目师生合照

授、社会调查中心副主任薛森，社会调查中心副主任张晓，广东千村调查项目组的老师及项目招募的160多位访问员和志愿者齐聚一堂，共同见证广东千村调查项目启动这一激动人心的时刻。

调查培训从项目介绍、问卷讲解、执行要点、注意事项、安全教育与户外救急知识等方面全面展开，围绕每份问卷详细拆解问卷结果、名词解析、访问技巧等，以期访问员系统完整掌握调查规范。集体培训结束后，大区督导对访问员队伍开展针对性培训，引导学生明确访问员的职责与要求，并发放平板电脑等用具。

图2－7　暨南大学经济与社会研究院院长冯帅章教授致辞

图2－8　启动仪式与会嘉宾

图2－9　广东千村调查项目执行负责人花芯

图2－10　质控部主管肖和

图2－11　宣传专员樊静文

图 2－12　访问员做培训笔记（1）

图 2－13　访问员做培训笔记（2）

图 2－14　大区督导分组讲解调查事宜

图 2－15　学生作答及提问（1）

图 2－16　学生作答及提问（2）

图 2－17　广东蓝天救援队与学生代表合影

图 2－18　项目组向广东蓝天救援队赠送锦旗

（二）预调查

2018 年 6 月 15 日，广东千村调查的第一轮预调查打响之后，先锋部队已经马不停蹄地奔走在路上，第二轮、第三轮、第四轮预调查，我们奔赴粤北、粤西、粤东。前期联络，督导们走村入户、提前踩点……

粤北清远： 走村穿街入户

图 2－19　预调查小组入村走访

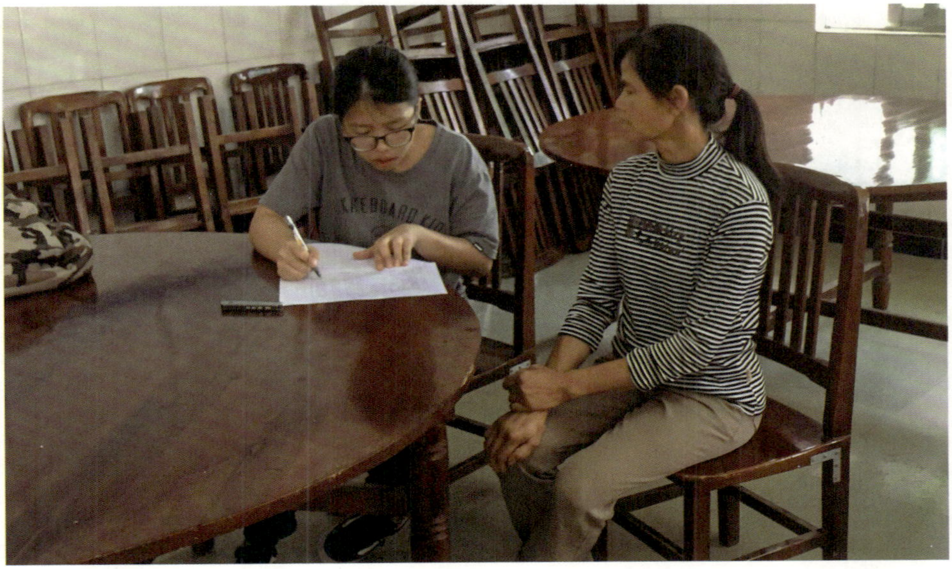

图 2－20　参加预调查的督导在访问村民（1）

图 2－21　参加预调查的督导在访问村民（2）

图 2－22　参加预调查的研究组老师在访问村民

粤西湛江：乘船上岛，一帆风顺

图 2－23　预调查小组乘船上岛（1）

图 2－24 预调查小组乘船上岛（2）

图 2－25 预调查小组与当地村干部座谈

图 2－26　预调查小组在访问村干部（1）

图 2－27　预调查小组在访问村干部（2）

粤东潮州：再见打谷场，见证新变化

图 2－28　村民在篮球场上晒稻谷

图 2－29　村中路边的宣传栏

图 2－30　一间民屋外墙上的新农村画面

图 2－31　预调查团队与当地镇委副书记座谈

图 2－32 研究组老师薛森入村走访

粤西阳江：攻坚战首战告捷

图 2－33 大区督导向村干部介绍广东千村调查

图 2－34　大区督导与村干部讨论项目执行方案

图 2－35　预调查团队与某镇居委会干部（左四）合影

图 2－36 研究组助理教授马祥对某村民进行访问

图 2－37 带队老师对某村村干部进行访问

春种一粒粟，秋收万颗子。预调查的圆满结束，预示着正式调查的开启！

图2-38　预调查团队与某村村干部（左四）合影

四、访问员队伍介绍

（一）珠三角地区

东莞横沥队：黄宇豪、梁绮雯、王露夏、吴檀薇、张潇尹、周澎，带队老师：陈浩然。

图2-39　东莞横沥队

广州花都队：郭宝荣、黄慧菁、刘芙彤、刘晓晴、肖洁、张子晗，带队老师：李凤槐。

图 2－40　广州花都队

江门台山队：陈慧姬、黄芷莹、梁素琪、徐星民、薛艳娟、赵丹晓、朱芷漫，带队老师：李凤槐。

图 2－41　江门台山队

惠州惠城队：古豫、黄锡培、蓝海琪、唐伊雯、徐艳姗、钟璐明，带队老师：陈浩然。

图2－42　惠州惠城队

惠州龙门队：梁洁萍、王勇、吴属燕、张宝龙、张丝茵、钟翠怡，带队老师：陈浩然。

图2－43　惠州龙门队

肇庆怀集队：陈姿言、黄念晞、梁浩林、梁鑫、麦妙凤、叶嘉明、于锶琴，带队老师：李凤槐。

图 2－44 肇庆怀集队

（二）粤北地区

清远佛冈队：曾锦涛、金峰、李晓华、梁舒婷、刘婕、丘家琪、叶钰怡，带队老师：李凤槐。

图 2－45 清远佛冈队

韶关曲江队：曹美连、曾鑫、黄静仪、赖铭颉、罗鑫、朱雨芯，带队老师：李凤槐。

图 2－46　韶关曲江队

（三）粤东地区

潮州潮安队：黄浩岚、黄铭、罗杏、马沛键、钱淑琼、翁芝涵，带队老师：肖和。

图 2－47　潮州潮安队

河源龙川队：黄楚滢、黄显池、李炜、刘晨、刘铎辉、骆文君，带队老师：陈浩然。

图 2－48　河源龙川队

揭阳惠来队：林琪琪、林轩然、粟金泉、吴秋蓉、吴锐涛、张芸，带队老师：肖和。

图 2－49　揭阳惠来队

揭阳揭东队：陈琪、王少达、温梦琦、吴启锋、杨雪儿、郑细杏，带队老师：肖和。

图 2-50　揭阳揭东队

揭阳普宁队：陈张雨昂、林漪荷、王超、吴浪、吴雅婷、徐佳淇，带队老师：肖和。

图 2-51　揭阳普宁队

梅州五华队：郭乐诗、胡润鹏、李育慧、王海莹、朱勇君、庄嘉欣，带队老师：陈浩然。

图 2－52　梅州五华队

汕头潮南队：陈佳燃、林曦、林玉珊、王琬茗、吴史莹、张少仪，带队老师：肖和。

图 2－53　汕头潮南队

汕头龙湖队：陈少莹、黄晓雪、李妙萍、林行、任亚文、庄培雄，带队老师：肖和。

图2－54　汕头龙湖队

汕尾陆河队：蔡广盛、曾凤琴、何晓雯、李丽娜、文荣、庾健欣，带队老师：陈浩然。

图2－55　汕尾陆河队

（四）粤西地区

茂名高州队：陈可祺、李金凤、罗倩、邵秀倩、苏东阳、杨正帆，带队老师：李步清。

图 2－56　茂名高州队

茂名茂南队：黄流深、黄芷欣、林子彭、麦凯欣、宋奕颜、周靖怡，带队老师：李步清。

图 2－57　茂名茂南队

茂名信宜队：黄婉玲、谢晓航、袁婷、袁义乔、张凯璇、郑嘉雯，带队老师：李步清。

图 2－58　茂名信宜队

阳江阳西队：柴秋香、陈旭通、李振华、莫燕婷、阮倩香、叶上源，带队老师：李步清。

图 2－59　阳江阳西队

云浮罗定队：梁楚荞、区永康、温志洪、肖丽、余彩怡、招燕琼、朱婉雯，带队老师：李凤槐。

图 2－60　云浮罗定队

湛江雷州队：黄英柳、梁凤花、林金辉、邱绮晴、王文锐、卓舒萍，带队老师：李步清。

图 2－61　湛江雷州队

湛江麻章队：陈巨鹏、黄柏颖、黄天怡、刘华芳、欧子源、叶欣茵，带队老师：李步清。

图 2－62　湛江麻章队

湛江徐闻队：黄文静、李康健、沈远航、谭慧韵、伍权衡，带队老师：李步清。

图 2－63　湛江徐闻队

III

出发！去乡村！

2018年5月至8月，153名访问员踏上了广东千村调查的路，他们分别前往广东省21个市100个行政村，完成了3 000余份问卷。访问的过程有苦、有乐、有困难，更有收获。本章将通过大量真实的图片和语录回顾访问员这三个多月的调查工作和团队生活。

一、调查图集

图3－1　从广州南站出发（1）

图3－2　从广州南站出发（2）

图3－3　印有暨南大学社会调查中心logo的文化衫

图3－4　广东千村调查工作背包

图 3-5　访问员在村书记的带领下前往目的地

图 3-6　清晨的乡间

图 3－7　挨家挨户地访问

图 3－8　访问员走山路去访问（茂名高州队）

图 3－9　访问员走在乡间的小路上（肇庆怀集队）

图 3－10　访问员走在乡间的小路上（河源龙川队）

图 3－11　访问员跟着村干部去被访者家（茂名高州队）

图 3－12　访问员向被访者出示证件

图 3－13　当地干部向调查队伍的到来表示欢迎

图 3－14　访问员在进行样本访问

图 3 – 15　访问员向村干部确认被访者名单

图 3 – 16　访问员在录入名单

图 3－17 访问员在进行问卷调查

图 3－18 访问间隙访问员就地吃饭

图3－19　午休时间大家一起讨论访问过程中遇到的问题

图3－20　带队老师肖和（左一）正在帮访问员出谋划策

图 3－21 两位访问员在讨论地形图

图 3－22 访问员一边陪被访者聊天一边进行问卷调查

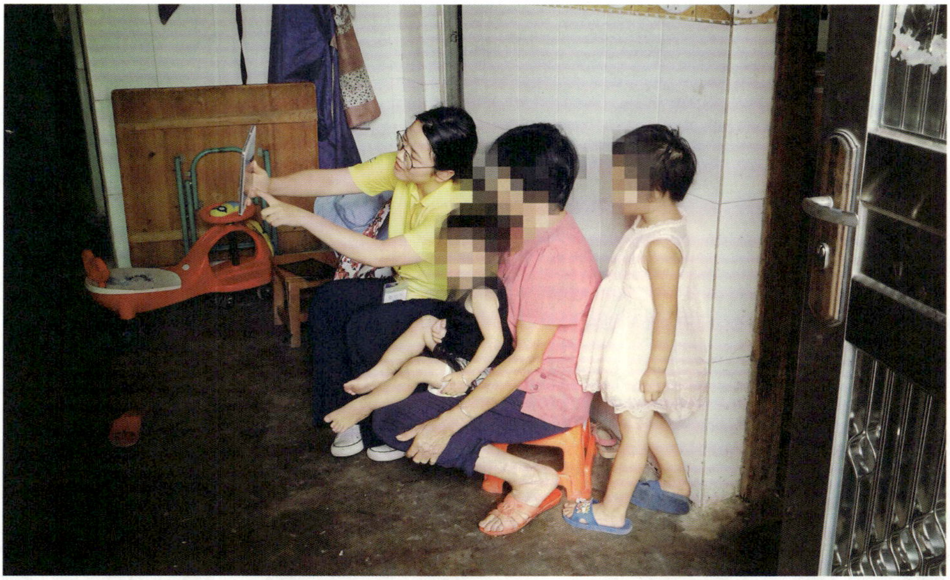

图 3－23　访问员结束访问时与被访者拍照核查

图 3－24　炎热的夏天访问员结束了一家的访问

图 3－25　访问员在村委会办公室小憩

图 3－26　访问员和村里的狗嬉戏

图 3－27　回到住所后访问员在认真记录工作

图 3－28　访问间隙访问员趴在桌上休息

图 3－29　结束一天的访问后访问员露出了笑容

图 3－30　访问员结束访问后在路灯下合影

二、困难重重

在这三个多月当中，访问员有了一段难忘的经历。他们都是大学生，很多都在城市里长大，也许从未深入农村去接触那么多陌生的面孔。其间，他们遇到被拒访、语言障碍等困难，但是他们坚信“办法总比困难多”，在攻坚克难完成问卷的同时，他们收获了知识，培养了坚韧的品格，也收获了珍贵的友谊……

（一）英雄难过语言关

访南粤炊烟，踏广东山川。不去走访每一寸土地，就永远不了解我们国家的广阔和多姿多彩，方言多样化就是一个重要体现。以为学会粤语可以走遍广东的想法真是太天真了，不少访问员就因为“粤语也分好几种”而遇到了语言的难关。

因为村民大多只会说雷州话，访问了为数不多的几个会说普通话的村民后，就只剩会说雷州话的访问员忙得口干舌燥了，我们不会说雷州话的只能在一旁干着急。后来，我们想到了一个办法，访问一个老奶奶的时候，请了一位村里的老师当翻译。前几个问题还可以，虽然效率低点，但是可以进行下去。当问到“请问您家是否有确权或者经营的土地”时，因为老奶奶不懂这是什么意思，我们只有向翻译解释之后，再由翻译解释给老奶奶听，反反复复折腾了十几分钟，老奶奶还是没理解。这位老师就住在老奶奶家隔壁，她很了解老奶奶家的情况，很多问题她都想帮老奶奶回答，但是按照规定问题是不能代答的，一定要老奶奶亲口说出来，这样就又耗费了一些时间。

——湛江雷州队

“是，往这条路直走，走到里面，就到了四村了……”听到老爷爷吐字清晰的回答，我才尴尬地回过神来，原来自己说的客家话，老爷爷没听懂。虽然客家话俗称就是客家人说的话，但是因为自古以来客家人就有分散而居、封闭隔绝的居住习惯，所以客家话在不同的客家人居住地也是有较大的差别的。举例来讲，两个相邻镇的居民都说客家话，但是他们可能互相听不大明白对方的话。如果（两地）距离再远一些，那么他们讲的客家话就可能变成两种方言。我们组里的池哥就是福建省的客家人，但是我们组其他客家人完全听不懂他所说的客家话，他也是如此。语言障碍，就是我们遇到的第一重障碍。

——河源龙川队

（二）被拒绝的痛只有自己心里明白

访问员都是刚刚开始接触社会的大学生，有些人甚至可能是第一次涉足农村。进入陌生的环境且需要即刻适应访问员的身份，一开始难免会四处碰壁。有些村民不信任他们，有些村民对他们寄予希望却没法得到想要的答案，有些村民质疑他们的工作价值……因此，被拒访几乎是所有访问员都遇到过的难题。

我们在那里足足待了6天，那几天我一想到醒来要去访问就害怕，特别是问到收入方面的问题时，有些被访者就开始变脸，没多久就会赶我们走，还会一直质问填问卷会给他们带来什么好处等。还有一些被访者会用方言说一些侮辱性的话，那时候我真的担心自己承受不了这样的委屈而离开，不过最终还是坚持下来了，因为我们的队长总是在被访者使用语言攻击时出面调解。有一次，一个被访问的妇女指着队长的鼻子骂了将近20分钟，那一刻，雷州本地队友都庆幸我们听不懂雷州话，因为这样就不会听到那些难听的话语了。后来，村里的老书记带我们一起访问，本来以为会顺利点，但是有个妇女一听到我们问收支情况，就立刻暴躁起来，无论我们说什么她都不信，说自己什么都不知道，要赶我们走。那个妇女不仅自己不接受访问，还到处游说别人，说我们是骗子，没有给他们报酬……

——湛江雷州队

尽管村委会全程配合，给予了我们很大帮助，但是该吃的闭门羹还是要吃的，该哄人的时候还是得哄的。这不，一个阿姆（老婆婆）在打开问卷看到要填名字时，就以她要忙拜神的事为由拒访了。但是，肖老师说过要锻炼挫折商，所以，我开始放下面子，厚着脸皮跟着阿姆到处转。她拜我跟着，她烧纸钱我跟着，她做手工的时候我也跟着……

——汕头潮南队

图 3－31　面对大门紧闭的被访者家，访问员正在商量该如何调整访问进度

在自行入户的过程中，我们被恶狗吠过，吃过闭门羹，访问进行到一半时突然被村民拒访，甚至被村民表示不欢迎，直接赶出了家门……我们第一次感觉到前所未有的灰心，工作的进度变得缓慢起来。但是我们没有因为遇到困难就停滞不前，相反地，大家更加努力地寻找被访者，一条街一条巷地走，一户一户地敲门，虽然还是经常遭遇拒访……

——江门台山队

图 3－32　访问员再次敲响被访者的家门

图 3－33　访问员在商量如何面对拒访

访问员："完成我们这个问卷需要一个多小时……"

村民："啊，这么长时间啊！不行不行，我很忙的，要收花生的！"

访问员："没事，没事，我们可以帮您收花生，不耽误您的时间。"

于是我们合力帮忙收花生。为了完成问卷我们收过花生，带过小孩，还跟着去喂鸡。只想说：为了留住被访者，我们是认真的！

——韶关曲江队

经历过漫长的等车和乘车入村后，刚开始进行入户调查，困难便迎面而来。一位被访的老奶奶一直抱怨我们的问卷太长，问的内容太细，访问到后面我坐立不安，总感觉老奶奶要把我们赶走。庆幸的是，最后我们还是完成了问卷。然而，在我们等待其他小伙伴完成工作时，却收到了老奶奶投诉我们的消息，我们的信心受到了不小的打击。其他小伙伴也不是一帆风顺，有的因为听不懂客家话而导致访问受阻，有的则是直接遭到拒访。

——汕尾陆河队

图 3－34　访问员陪被访者在室外填问卷

“没时间，别耽误我上班啊！”

“你们做这个有什么用啊？又不能帮我解决问题！”

“每天来，你好烦啊！”

“你又来干什么？”

…… ……

从第一个村到第四个村，在乡间小道上每多走一步，我们的见识便多一分，我们也在成长。

“没关系，只要您有时间，我们随时可以开始。”

“您的问题只有说出来，才可能被解决。”

“我们真的很需要您的这份数据。”

“看您有没有改变主意，愿意参与一下我们的调查呢？”

当然，坚持总能融化坚冰，热忱总能暖化人心，你的努力，总会有人看见。

“多谢你听我讲。”

“你们这些学生也辛苦了。”

“还需要我帮你们找村民吗？”

…… ……

——广州花都队

因为先前访问的几户人家热情好客以及主动分享，让我在遭到第一次拒访时，感受到巨大的心理落差。那是一个50岁左右的阿叔，在我们登门拜访的时候，他正在门口编竹篾。我满心以为这次的调查会一如既往地顺利。可是刚问了前几个问题，我们就感受到了阿叔的抗拒。无论我们怎样说明，阿叔和他的老婆始终“和气”地说着类似于“迈迈迈（潮汕话里表达不要的词语），别问这些没用的”之类表示拒绝的话。

——潮州潮安队

（三）复杂多变的自然环境和交通状况

广东地处岭南，属亚热带季风气候，千村调查开展期间正值炎热潮湿的夏季，凶猛的台风、突如其来的暴雨和高温炙烤模式大晴天无缝随机切换，让入户调查过程更加艰苦。同时，有些自然村地处山区，地形复杂，交通不便，而有些自然村在海边，需要换乘多种交通工具才能到达。

图3－35　访问员坐轮渡过河

经过了一天的高效率工作，我们完成了这个自然村的所有问卷，然后我们告别了村民，走出了村子，走在刚下过雨的泥路上，真的每一步都要小心翼翼。从村委会到酒店，要先坐一段村路的公交，前一段还可以，后一段像坐过山车一样，摇摇晃晃的，也是别有一番滋味。不知为何司机突然赶我们全车人下车，我们队的人一脸懵，不知道发生了什么事，跟着人流移动时才发现，原来是要坐轮渡过河，空车先上，然后人接着上车。我们坐在车上，看着两边的河水缓缓向后退，感觉非常奇妙。

——湛江麻章队

在前往另一个自然村时，因为交通不便，我们只好徒步跨越三公里。炎炎烈日下，这段路显得十分漫长。一路上，我们结伴而行，互相鼓劲，几个小伙伴一会儿拄着一根木棍搞怪，一会儿莫名沉迷唱歌无法自拔，一会儿互怼，加上一路风景相伴，路途显得不那么艰难了。

——湛江徐闻队

今天我们到访的另外一个村刷新了我的见识面。这是一个在大山里的村子，交通十分不便。居民都是环绕着一个堰塞湖居住的，他们的交流几乎就是隔着大段的距离进行喊话。享受小康生活的我，之前没有想过会有生活条件这么差的地方存在，这次实践当真是开拓了我的眼界。当看到农村的空心化后，我渐渐想起自己家乡的情况，或许这带给我的是一种反思吧！

——云浮罗定队

图3-36 全队一起坐三轮车出村（清远佛冈队）

图 3 – 37　一天的采访结束后访问员坐着三轮车回酒店（江门台山队）

图 3 – 38　访问员在和三轮车师傅讲价（肇庆怀集队）

休息结束后，我们去往下一个村。这个村挺小的，只有两个自然村，一个在山脚下，一个在深山里。虽然这里山清水秀，但空心化特别严重，尤其是深山里的那个自然村。进山的交通十分不便，依旧是那种泥土路，听说一下雨就不能进出。这里什么基础设施都没有，甚至也已经没有什么人家。山脚下的自然村还有3G信号，这里却只有微弱的2G信号。

——汕头潮南队

图3-39 访问员乘坐摩托车出发

图3-40 访问员的主要交通工具是三轮车（湛江雷州队）

烈日下，该村的副村主任带领我们沿着村道去记录访问名单。中午的太阳特别毒、特别热，感觉人站在太阳底下一会儿就能被烤焦。不过我们不怕苦、不怕累、不怕晒，特别是我们的队长，连伞都没有撑，也可能是因为队长已经不怕被晒得更黑了。

——湛江雷州队

我们也曾经被频繁地拒访，甚至几乎把整个村子走遍了也没人愿意接受我们的访问；我们也曾经把方便面、八宝粥当作干粮，匆匆吃完就继续访问；我们也曾经找不到符合条件的酒店住宿，顶着烈日，拖着行李箱无助地寻找……直至周三，停航的第六天，我们仍然被台风困在岛上。

——江门台山队

图3－41　突如其来的一场大雨过后访问员只好光脚行走

图 3－42　访问员在试探如何蹚水过去

图 3－43　下过雨后泥泞的路面

（四）其他

你以为此行最激动人心、最考验我们的事情就是入户访问吗？那我不得不告诉你：错！大错特错！你真是太天真了！太稚嫩了！一看就是没有深入过乡村的人！让我们一队成员一致认同此行最激动人心的、最考验我们的事情是——如何在群犬围攻的状态下，依然保持冷静，不惹狗、不与狗一般见识，缓缓地、安静地经过它们撒过尿的地方。你知道黑夜里最亮眼的是什么吗？是狗的眼睛！你体验过黑夜里被一群狗围着护送出村的感觉吗？

——河源龙川队

在调研过程中，成功便如同那遥远彼方的星辉，它所指引的是我们前行的道路，或许星辉的光芒有时隐藏了，以至我们经历各种阴霾——高温中暑、风热感冒、蚊虫叮咬、长途跋涉、遭遇恶犬。当然，还有众多高警惕性的村民——你们是不是搞传销呀？花式没人在家——种田、种花生、外出打工、赶集……

——云浮罗定队

下雨了，风雨兼程，访问仍要继续……一直在路上，上山入户，只为访问……被访者的家位置偏僻，往山上走，越走越偏，道路泥泞，还有恶犬狂吠，很吓人。幸好不是一个人，幸好有你们同行！

——茂名高州队

农村青壮年大多外出务工，留在村子里的基本是老人和妇女、儿童，空户率极高。我们第二站开展访问并不是很顺利。有一个村，留守在家的村民，绝大部分都是些文化水平低、理解能力差的中老年人，当被问及平时打虫怎么购买农资时，对方说："告诉卖农药的家里有多少亩田，他卖多少药给我，我就用多少药，我不知道是什么牌子，用量多少。""家里日常开支，农作物收入，小孩教育，建房开销……通通不知道。"很多访问做到一半因为被访问者不知道的情况太多，样本质量低而不得不选择废弃。整个自然村走遍了才访问到三户符合要求的被访者，在等待补充抽样的过程中，我们一行7人在路边惨兮兮地吃着自己带的干粮，"享受"着阳光的沐浴……感觉各种最不愿遇到的情况都发生了，意料之外也在情理之中，只能说我们真的是运气不好吧，这也反映了我们所调研乡村的现状。理想的美丽乡村，变得如此真实，让我体会到认知冲击，看到不同人活着的状态，乡村的发展现状让我的心情十分复杂。

——肇庆怀集队

三、收获满满

虽然整个访问期间困难重重，可是访问员用自己的智慧、坚毅克服了它们，同时，还收获了队友间珍贵的友谊，村民们的热情，以及对农村现状更深刻的认识。

（一）淳朴又热情的乡亲们

图 3－44　村主任热情招待访问员的午餐

因为我们完成工作时已经到了午饭时间，所以决定先吃午饭，下午再进村确定花名册，这时村书记跟我们说他们已经在村口的饭店点好了菜，要请我们吃一顿午饭，尽地主之谊。由于出发前老师跟我们说，不能拿群众的一针一线，于是我们友好地推辞了，但是村书记的盛情实在难却，我们一行人就不好意思地去了。在饭桌上，村委工作人员不停地给我们添菜，热情地关心我们的情况，气氛非常融洽，他们对我们大学生下乡调研表示赞赏，同时我们也非常尊重他们。还有一个被访者是一个伯伯，他家有10口人，在我循环询问家庭成员情况的时候，也没有表现出不耐烦，人真的很好！中途叔叔拿出了切好的一大块菠萝，叫我们尽情吃，但是我们只是礼貌性地尝了一些。

——湛江雷州队

在了解到我们的身份和意图后，有的村民会十分热情直爽，一会儿沏茶倒水，一会儿招呼我们品尝他们家里种的水果。当被问到不懂的问题时，有人会到处翻箱倒柜找资料，还会打电话问亲友，给我们一种“我和我所做的工作很重要”的幸福感觉。很多村民会用敬重的眼神看着我们，因为我们是“很厉害的大学生”，是主动来了解他们的生活情况，是对他们生活改善有所帮助的好人。

——茂名信宜队

之后，村干部主动帮助我们，将我们带进村里进行访问。进村的必经之路——村口的小卖部，是村里的“八卦集中营”。每当我们经过小卖部，村民们都纷纷讨论着我们。所以在后面的三天里，我们都要尴尬地在村民们好奇的“观赏”眼光中，硬着头皮走过。在这个村的访问过程中，让我印象最深刻的还有村民们的热情。每次访问工作完成后，我们手里都会拿着村民们硬塞给我们的龙眼，盛情难却，这经常使我们又羞涩又感动。在访问过程中，一位大婶的生活态度深深地感动着我。因为儿子的病，她背负着巨额外债。在聊及她儿子的疾病时，隐约可见她的眼睛泛红。被生活百般刁难的她，却让我看到了难得的豁达与乐观。在访问的整个过程中，她的嗓门清脆洪亮，言笑晏晏，即使谈到生活的不如意之处，她身上的正能量也丝毫未减。大婶身上有很强的亲和力，与她坐在一起聊天，仿佛是和多年老友相聚，不必拘束，也无所顾忌。访问到了最后，她说：“真是不好意思，耽误了你一个下午的时间陪我聊天。”这应该是我目前遇到的最可爱的被访者了。也许不是所有人都是幸运的，但我知道，像大婶这样的人是坚强的，也是快乐的。

——湛江徐闻队

从前的我，走进陌生的地方，没有办法主动勇敢说出第一句话。但现在一踏进村民的家里，我没有任何迟疑地回复队友：“嗯，我们来做这家的访问。”

靠近村民，介绍我们的身份和项目时，我都未曾胆怯。我的力量来源于队友，也来源于村主任和村民脸上的笑容。

——汕尾陆河队

图 3－45　村里热情的阿姨送给大家的粽子

图 3－46　访问员在调查间隙品尝当地的特产龙眼

图 3－47　访问员和村委书记合影

我们曾访问过一对爷爷奶奶，他们不仅很配合我们的访问，还叫我们喝茶。让我印象深刻的是老爷爷拿出三个一次性杯子，两个用来洗杯，一个用来装洗杯水（广东人有在喝茶前洗杯的习惯）。虽然没有条件，但是他仍然很细致。如果有某个场景在事后回想起来能使人顿生感动的话，我们一定会想到这位老爷爷，他话不多，但做了很多。在烈日下，老爷爷顶着大太阳给我们带路，他的背影让我们心疼。此外，调查的最后阶段我们遇到一位乐天派阿姨，她从头到尾帮助了我们四五天，没有任何抱怨，总是很热心地帮我们联系被访者，还帮我们翻译，在调查攻坚阶段她身上的正能量和坚持无形中给了我们更多的动力，也让我们收获感动。总有这样一次相遇，让你觉得踏实和幸福；总有一抹笑容，让你觉得愉悦。

——东莞横沥队

图 3－48 访问结束后访问员和热情的老奶奶合影

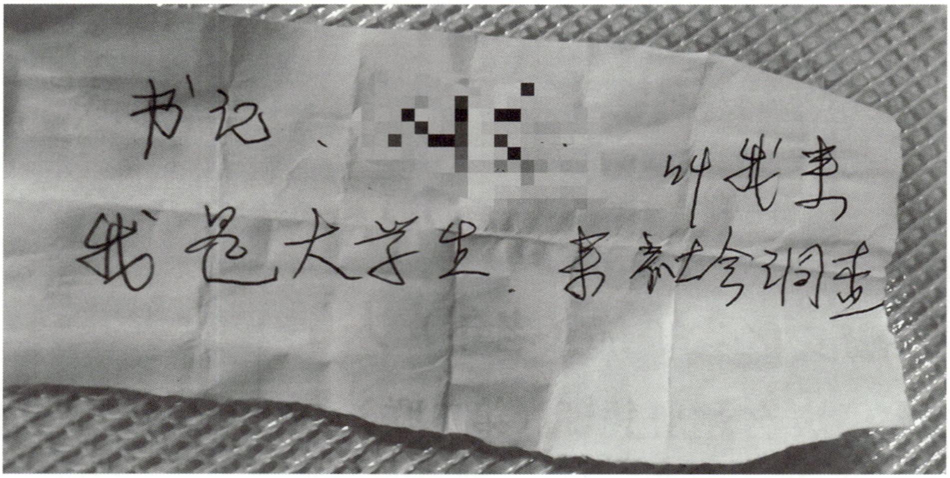

图 3－49　村民给访问员的锦囊妙计

有一次我正访问一个开小卖部的被访者时，中途有一个顾客进来，那个顾客一见到我就立马大声呵斥要赶我走，数落我的不是，当时的我只感到无助和无奈。但是在那个顾客走后，被访者并没有排斥我，而是无奈地说："我们知道你不会是骗子，一个好好的大学生怎么会是骗子呢？我们之所以这么警惕是因为我们这个村之前有人过来诈骗，诱骗我们消费。我们知道你不是骗子，没事的。"那一句"没事的"，让我心里瞬间暖暖的，是啊，那种被伤害过的感觉是很痛苦的，但是他们还是选择相信我，选择配合我，那一刻，我很感动。这次经历让我坚定我的使命，不能辜负他们的信任，努力收集最真实、最完整的数据。

——云浮罗定队

图 3－50 访问员陪着被访者在树下填问卷

图 3－51 访问员陪村里的孩子聊天

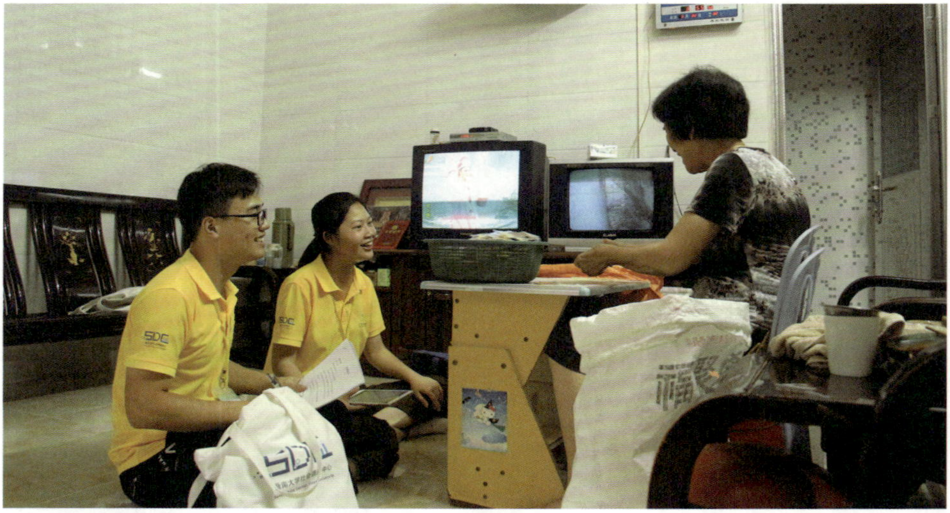

图 3－52　访问员在访问之余陪老奶奶聊天

图 3－53　村里的小孩为访问员带路

有许多感动的时刻，村干部带路访问留守在半山腰的一户人家，我默默跟在后面，不免感慨调查队这一路走来的幸运，总是遇到很配合的村委，让我们占尽了人和的优势；走进村民家中，村民毫无戒备地给我讲他们所知道的事情，真心为这淳朴的民风点赞。

——云浮罗定队

刚开始大家都挺担心的，因为被访者对于我们来说都是陌生人。去到陌生的地方直接入户访问，（我们）很担心会被拒访。慢慢地从陌生到熟悉，最后我们都感受到村民的热情和淳朴，每次访问完口袋里都是满满的龙眼和花生，每次还会被留下来吃西瓜、吃饺子，我们感到特别开心。（这趟访问）都是因为乡亲们的热情才让我们感受到了温暖。

——清远佛冈队

图 3－54　老奶奶拉着访问员的手在聊天

许多村民听到我们调查收集到的数据将会为广东省乡村振兴工作和学术界的研究提供第一手原始数据时，都积极地回应我们的访问。言语之中我们能感受到他们希望生活得到改善的热切心情，这也让我和我的队友觉得参与到广东千村调查项目是非常有价值的，至少能让村民们看到一点希望！

——阳江阳西队

完成这一天最后一份问卷之后，看到其他队员坐在农信社门口的地上，满脸笑容，我们不禁疑惑。下午的时候他们遇到的大多是拒访，走了许多家也都未成功，但此时脸上却毫无阴霾，为什么呢？听他们说才知道，是一个阿叔特地去商店买了两排酸奶，开车送给我们，他说我们真是辛苦了，也真是能吃苦。我和黄铭再仔细一问，发现恰恰是之前遇到的那个很理解我们项目的阿叔，于是，全员满血复活，沮丧、失望、难受……全被治愈。尽管在这个村我们还有许多困难要面对，任务繁重的明天还未到来，所有的未知同样没让我们轻松，但这些一点一滴的理解、关怀，却实在是我们队伍精神振奋、信心重拾的来源。

——潮州潮安队

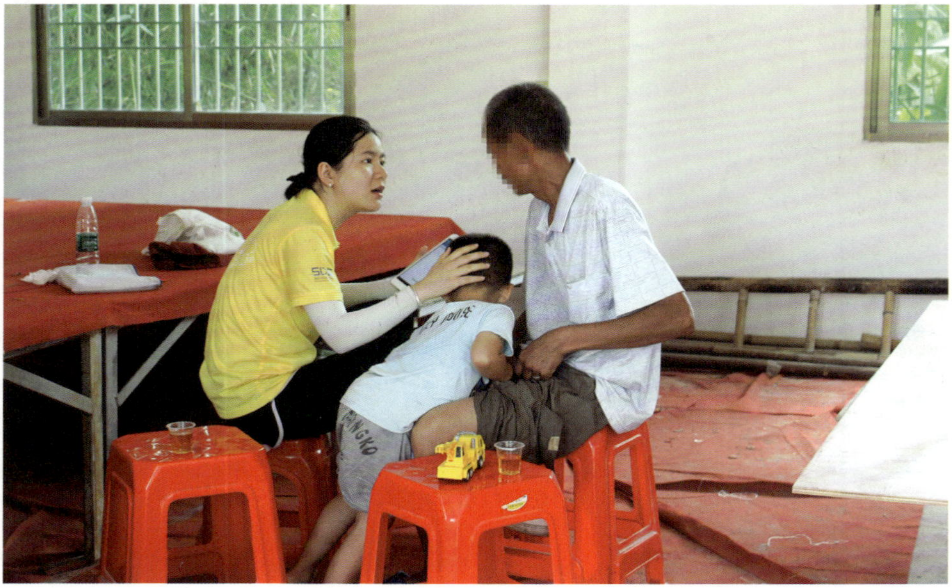

图 3－55　访问员在“兼职”带小孩（肇庆怀集队）

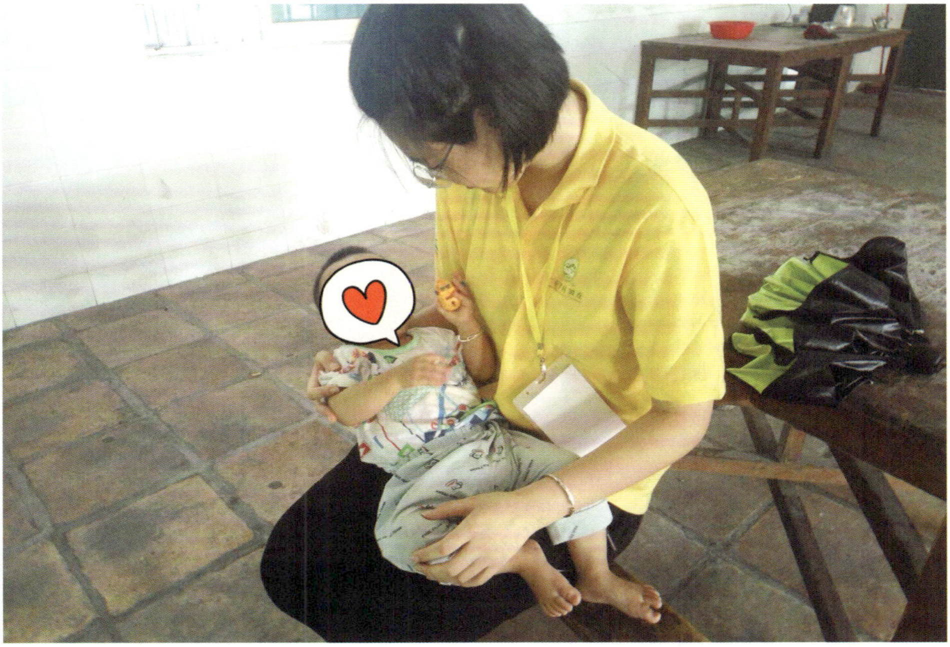

图 3－56 访问员在“兼职”带小孩（广州花都队）

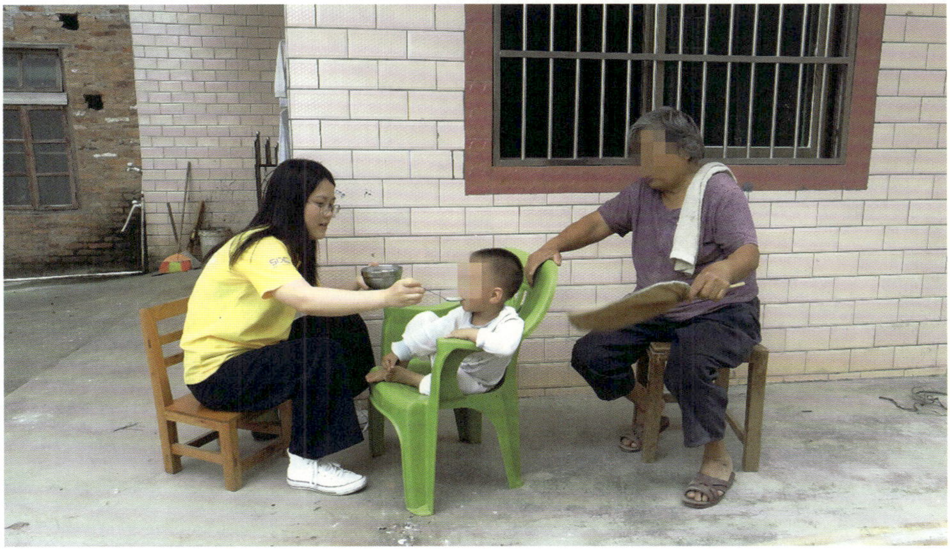

图 3－57 访问员在“兼职”带小孩（茂名高州队）

图 3－58　孩子们纯真的笑容

图 3－59　访问员与村里的孩子荡秋千

（二）你们最珍贵

“努力到无能为力，拼搏到感动自己。”这土味鸡汤在整个调查期间反复熬煮，一饮而尽，既戳心又营养。劝说了大半个小时的户主还是拒绝了访问，访问到一半才发现问卷不符合抽样条件，解释了很久很久却还是不被信任……每天睡眼惺忪的时候，就要开始做思想斗争，一边给自己打气，一边心里嘀咕着害怕，最后还是那句“放弃就前功尽弃了”让我们把所有的畏惧生吞硬咽下去，然后开始新一轮的敲门访问……面对不理解、不配合以及高州变幻莫测的天气，长时间下来，我们的生理、心理都吃不消，整个团队弥漫着消极情绪，但没有一个人抱怨，每天早起晚归，加班加点总结、反思，渐渐开始掌握访谈的技巧，信心和耐心日渐增加。广东千村调查项目让我们学会在被质疑的时候，能够冷静；在等待的日子里，能够安度；在艰苦关头，能够耐得住寂寞；更在团队的点滴相处中，学会尊重、信任、沟通，队伍中渐渐营造出有爱、温暖、和睦的“家庭”气氛。

——茂名高州队

图3－60　队员们的合影（茂名高州队）

那些拒访的被访者、不配合的村委，可能我过半个月便再也想不起来了。不过，门口的火焰牛肉，中午和小伙伴们在村委会吃小面包的经历，一直嘱咐我们要好好吃饭的老奶奶，提醒我们要尽早过海的大叔，岛上的海景房和美丽的日落却深深刻在了我的脑海里。最后还想表白我的五位小伙伴，最美的不是千村调查，而是陪你们走过的一个个村庄。如果要用一个词来形容我们，那应该就是“有梗”吧，有双面性格玩起来很“嗨”的鹏哥，有整天被我说是在做梦最后却真的梦想成真的子源，有每次都担任人肉自拍杆的华芳，有每次都默默去买单的“财务大臣”叶老板，还有每次吃饭都能战斗到最后的天怡……这十几天的经历，每每忆起来都会让我欢喜。我喜欢农村蓝蓝的天空，也喜欢陪我走遍 4 个行政村 8 个自然村的你们。

——湛江麻章队

任务完成的那天刚好是我的生日，很庆幸我的生日赶上了这么值得纪念的日子，只是，任务完成也就意味着我们在一起调研的生活结束了。那天下午在海边，吹起的海风中都夹杂着分离的伤感。傍晚回到镇上，你们说要去买饭，但执意不让我跟着去，让我先回酒店休息，虽然后来我猜到了你们的小心思，但我没有说出来，便听你们的话回到了酒店。后来看到你们给我准备的蛋糕，真的很惊喜、很感动。我想家的时候，曾经无数次幻想任务结束那天的轻松愉悦，但当那天真的来临时，我却开始舍不得了……天下没有不散的筵席，经常一起“打架”的文静，“富婆”康健，好脾气的远航，爱怼人的权衡，我们一定会有缘再次相聚的。

——湛江徐闻队

图 3－61 队员们的合影（湛江徐闻队）

当最终顺利结束调查时，我自然而然地产生了一种释然的感觉——终于完成了，成功完成这个任务了！只是，再回首时，我却又多了几分不舍与挂念，并且终于明白，当初一直吸引着我的，其实是一种既充实又幸福的感觉。它来自体贴善良的队友们和强大可靠的老师们，正是他们的友善和支持给予了我无穷的信心与动力。它来自素不相识的村民们，他们的淳朴和热情让我更敢于打开自己的心扉，接受这个世界送给我的爱。我想起做调查时偶然认识的小朋友——他们喜欢拉着我的手，笑眯眯地叫我小熊姐姐，然后带我一起去摘果子，一起玩，一起嘻嘻哈哈，做天底下最无聊却又最有趣的事。它来自充实而又平静的调查之旅，没有太多的弯弯绕绕和复杂的人际关系，工作之余，我可以看见绿水青山、繁星萤火，心中能感受到的是乡村独有的宁静与自由。我可以和小伙伴们并肩作战，只要能忍受得了一连两个多小时的访问和可能不被理解的辛酸。这一点一滴，都是浅浅淡淡的欢愉和幸福。

——茂名信宜队

虽然一路上遭人质疑，遭人轰赶，但感恩的是我们是一个有爱的团队。哪怕疲惫，哪怕失落，路上还是会被队友的鼓励逗乐，让彼此都感受到力量。我们把这趟旅程称为韶关深度生态游。短短的半个月，是一种体验，一种实践，更是一段难忘的经历！感恩遇见的一切，感恩同行的你们！广东千村调查之韶关曲江，落幕！

——韶关曲江队

这段旅程我认识了5位性格各异的小伙伴，很感谢小伙伴的陪伴以及老师的帮助。我心情低落时、遇到挫折时，是队友给予了帮助，我十分感谢，但想到今后可能再也没有这样的合作机会了，不禁有点小难过，希望今后我们多多联系，希望感情永不褪色。衷心祝愿各位小伙伴前程似锦，老师工作顺利。对了，特此感谢队友陪我度过的新历20岁的生日，那天正是出发的时间，没想到他们竟然会细心地记下我的生日并为我庆祝，有这样的一群队友，的确是十分幸运的一件事。

——茂名信宜队

图3-62　有问题大家一起商量

在这段时间里，我收获到的不仅仅是自身的成长，还有团队小伙伴们的友谊。一起吃喝拉撒，一起入户，一起躲避恶犬的眼神攻击，一起回应村民们的疑问，我们默契十足却也“互相嫌弃”，男人都是“大猪蹄子”，女人都是“骗子”，欢声笑语，充斥着活跃的气氛。但是，我们在工作上一丝不苟、认真负责。一天的访问结束之后，我们边吃外卖边讨论着今天的问题，解决小伙伴们的疑惑，也向小伙伴们分享自己的喜怒哀乐。之前我们虽然素不相识，却在这次调研中心有灵犀。多年以后想起来，也会嘴角上扬吧。同伴说：如果太圆满，没有遗憾，怎么能够学到东西？太顺利的结束，反而不能引发自己的思考，有点磕磕碰碰才能成长。有的事情不是你去做就能够做得好的。你以为你是在努力挽回，在别人眼里，只是满满的骚扰。我们是过客，匆匆几日便离开。打扰到的人，真的很抱歉，但有些事情是道歉换不来的。

——汕头龙湖队

图 3－63　大家在百年老树下来一张“酷酷”的合影

做完调查虽然很久了，有时在家里还是会想起大家一起逛超市囤面包的夜晚。刚开始觉得要完成132份问卷真的是遥遥无期，特别是第二天我们四处碰壁，晚上十点钟才回到酒店附近吃一碗云吞。也许只有开头特别艰难，我们才有动力去想办法做得更好。后面也确实真的是越做越顺利，第三天我们完成了10份问卷，当时觉得我们太棒了！到后面大半天就做完了18份问卷！刚开始只会听雷州话的队长到最后竟然能用雷州话问完一份问卷了，我想这十几天我们都在飞速成长着吧。

——湛江麻章队

虽然一路上的确存在许多磨难，但是停留在我脑海中的依旧是那些难以忘怀的欢乐时光——每天晚上的总结会议，每一次外出吃饭，每一次彼此调侃，每天都能吃到的龙眼，小区子的生日会，八排山出游……怕狗并且执着于冰镇西瓜的温姓“猪”队长，偷拍狂魔小区子，有钱就能为所欲为的“财政大臣”肖丽，自称喝农药很强的“塑料姐妹”燕琼，执着于点外卖并语出惊人的婉雯，极具责任感并且热衷和婉雯看剧的彩怡，一直以来承蒙各位照顾，我梁楚荞最喜欢你们了！

——云浮罗定队

15天的革命友谊无比珍贵，第一次体验了一把连续半个月住酒店的感觉，第一次感受了一番入乡调研的经历，第一次在一个陌生城市逗留了这么久……很多的第一次都在这个项目中一一实现。金凤和东阳是我们小分队的开心果，即使一本正经地谈话，也总能让我们笑到模糊，他们是我们笑声的制造者；可祺执掌我们的“财政大权”，是个细致认真的女孩；罗倩给人一种相处起来很舒服的感觉，也是我们队的神总结者；杨正帆作为我们的队长，很有担当，多亏了他，我们的访问才能如此顺利地进行。

——茂名高州队

我们回来了！从培训到结束我们相处了24天。吃过散伙饭，拥抱告别，离愁别绪涌上心头。有很多的不舍，但每个人都有自己的路要走，天下没有不散的筵席。广东千村调查陪我们走过24个日日夜夜，我们学会了相互体谅，学会了感恩；我们会一起吐槽不好的人和事；我们会因遇到让人同情的家庭而潸然泪下；我们会因为酒店疑似进来坏人，担心老板娘受伤害，而一起返回帮助老板娘。感谢广东千村调查，让我们认识了这么多小伙伴，做了那么多有意义的事，让我们知道自己身上背负的使命。一个队伍的组建离不开每一位成员，希望大家都勿忘我，勿忘我们那段苦中作乐的时光。我爱你们。

——肇庆怀集队

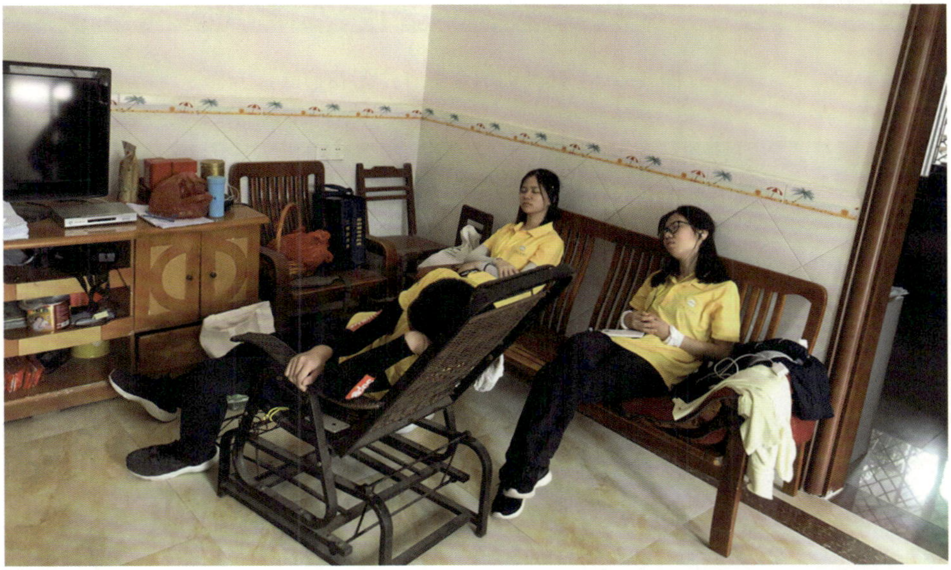

图3－64 难得的午休

图 3 – 65　队员们的合影（广州花都队）

图 3 – 66　队员们的合影（江门台山队）

图 3－67 队员们的合影（江门台山队）

（三）认识更真实的乡村和自己

确实，我还没有真正走入社会，也无法做出肯定的承诺，担保这次调查一定能够帮助村民们改善生活。但也正是因此，我参加了这次调查，希望能够走出校园，认识一个更加真实的乡村。我相信这次调查所收集到的数据，能在很大程度上为政府制定政策提供参考，能够直接或间接地促进乡村整体的发展。很喜欢一位同学在手记里引用的鲁迅先生的话：“无穷的远方，无数的人们，都与我有关。”我以为，正是因为这份关联，才能真切地感受到自己的存在，看见自身的价值。

——茂名信宜队

图 3－68　村里安静的夜晚

这些天，我看到苦难的挣扎，看到平凡的安乐，看到沙漠与绿洲的温暖，也看到平静生活下的暗涌。特别喜欢柴静《看见》中的一句话："思想的本质就是不安。"初识农村面貌是不安的开始，调研是不安的发酵过程，所看所历，所思所想，仿佛浓缩成我面对生活真面目的勇气。见过自然的伟大与人类的渺小，就不会被时代的洪流裹挟前进；见过各种生活状态，惊觉自己不过是芸芸众生中独特的一隅；感受不一样的世界观和价值观，才懂得谅解与宽容。这场调研，我在用心感受，它亦回馈我以热情。

——湛江徐闻队

实地访问的这些天里，我们经历了太多太多，看到了农村与城市发展的严重不平衡，了解到乡村村民生活的艰难，更加认识到了"乡村振兴战略"实施的必要性，也让我们更确信了我们现在正在进行的广东千村调查这个项目的重要性。同时，在去往各地收集问卷数据的同时，我们也收获了很多，一路上有苦有累，有说有笑。我相信，以上种种都能典藏在我们内心当中，成为一份不可多得的、值得回味的回忆。

——茂名茂南队

图3－69　村民在插秧

千村调查给我带来了许多思考，也许是因为在大城市读大学，所以我认为中国已经是一个较为发达的国家，特别是在发达地区，我能感受到现代化和朝气蓬勃的各种产业。但当我深入农村，对村民进行访问，我才意识到，在这个国家不起眼的角落，还有不少人生活在比较贫困的农村，他们不但收入非常有限，而且某些家庭的孩子能得到的教育资源也比较少，也许他们的家庭，要好几代才能实现阶层的跨越。我们的国家在保持经济发展、产业优化的同时，也很有必要为广大底层农民找到一条出路，希望这个千村调查项目，能提供有价值的数据以供国家发展农村经济。

——茂名高州队

我想一路走一路看，走更多地方，做更不一样的事情。定下调研的行程，与美好的事物不期而遇。生命的形态有很多种，走出去，看世界，我才发现生活可以有这么多种样子，他方所见之物给了我学习的素材和灵感，在外调研的日子让我更能快一点成长。

——广州花都队

图 3－70　村中一景

乡村振兴不是纸上谈兵，唯有深入到基层，进行扎实的乡村调查，才能够听到基层的声音，把握社会事实，对症下药。例如，一些村干部认为村庄当前存在空心化的现象是一件好事，因为人们到城市打工能够获得更好的收入，改善家庭生活条件。这不免引人深思，近些年热议的“乡愁”，或许只是城市人的“乡愁”，但其实农村人的“城愁”重于“乡愁”。问题的关键或许不在于让乡村留住人，而是让老百姓能够在城市扎根。

——云浮罗定队

烈日酷暑，我们行走在杂草丛生的小道上，探访池边人家；马不停蹄，我们穿越架起的彩色长廊，走访第四个村落。最后一个村，被工地所包围，这个陆地上的“孤岛”，被人遗忘却又充满无限潜力。这是一个处在巨大变革中的时代，可以看见沙土飞扬，但最终也一定能窥见碧海蓝天。缘起千村，携手共进一趟经历、一份记忆、一段友情。我们互相鼓励，共同面对。

——惠州惠城队

Ⅳ

为访问辨真假
为真实存力量

随着第一支访问员队伍的返程，广东千村调查已经进入了收官阶段。在前线的访问员，踏山川、循炊烟、访疾苦，但在“调查大本营”，有一群小伙伴，他们虽然“足不出户”，却与前方的访问员一起“听遍”整个广东；他们整日沉默不语，却是调查数据重要的“把关人”和“护航者”，他们有一个共同的名字——核查员。核查员在专注于核查访问过程的同时，也不断被录音中访问员与农村被访者的对话冲击着。那一段段录音中保存着的乡村人生百态，不断刷新着核查员对当下广东农村状况的认知。

图4－1　核查员在认真地开展审核工作

图4－2　核查现场（1）

图4－3　核查现场（2）

一、核查是怎样的工作

（一）及时找碴儿

总的来说，核查就是件找碴的活儿，或者说更像是一项侦探活动。就像培训时老师说的，抱着每位访问员都在作弊的心态，我要找出访问员作弊的证据。

做核查员很累。这时，访问员可能会不服气了："我们风吹日晒到处跑，还要跟大叔大妈们尬聊几个小时，我们都还没喊累，你们核查员整天坐在教室吹着空调有什么累的？"然而，我想说，核查员也很累。首先，眼睛累。你想一下，一整天一动不动地盯着电脑屏幕，还要在几百道题中找出矛盾的点，能不累吗？或许我们自己都没什么感觉，但我记得做了十几天的核查工作后，照镜子时才发现自己眼睛有红色的血丝。其次，耳朵累。一份一个小时的问卷录音，有时要听两个半小时左右，因为录音要么声音太小听不清，需要重复听几次；要么是访问员出错太多，听完一题要停下来修改。

——范黄娟

图 4－4　核查员范黄娟

访问员实地访问的第一天，经过严格培训和考核的核查员已经准备就绪，等待前线回传的“既新鲜又热乎”的样本数据和录音，进行实时核查。当在后台看到访问员回传的第一份样本数据和录音时，质控组和核查员都非常激动！千村调查项目的质控工作正式拉开帷幕！每一份回传到后台的样本，质控组都坚持“尽量24小时内核查，不超过48小时”的原则，确保核查的及时性。

——肖和

图4－5　项目督导肖和

录音核查的工作是吃力不讨好的。录音核查员每天长时间坐在电脑前，一遍又一遍地听着相同的问题。因此每一个能坚持下来的录音核查员都在苦中作乐。最简单的方法是保持着较真的态度，积极发现访问员的不足，并以此为乐。一旦发现什么蛛丝马迹，就循着线索走下去，务求将隐藏在黑暗中的巨大真相给揭发出来。

——陈浩然

图4-6 项目督导陈浩然

（二）及时反馈

"您有新的质控反馈，请及时处理！"访问员表示，每天最紧张的事情便是收到质控组的反馈。通过反馈，访问员可以反省自己在访问过程中存在哪些问题与不足，需要如何改进。

每天下午五点半，质控组都会准时导出当天核查的样本和评价，总结分析访问员常见的问题与正确的处理方式，挑出问题较多或较严重的样本和访问员，并将质控日报发送给执行组。各大片区的督导都会尽快将核查评价反馈给每一位访问员，并且强调规范的访问方法。与此同时，针对被点名的访问员，质控组将在后续的核查中持续关注，为每一位访问员建立一份"打怪升级"的成长档案，记录访问员的进步与成长。

"稳扎稳打，不流于形式"一直是质控组的工作准则。认真对待每一份核查的样本，细心敲下每一项核查评价，及时反馈给每一位访问员，持续跟进每一位访问员的改进，让质控工作发挥最大效用，力求调查数据的真实性、准确性和高质量，这正是质控组和核查员共同的目标和努力的方向。

——肖和

质控组所希望的是访问员能根据我们的反馈，在访问过程中慢慢进步。曾经做过访问员的我对此深有感触——所谓质控不是一个神秘的存在，它只是听着前线访问员访问时的录音，替他们将当时因为情况复杂而无法正确判断的题目重新求证修正，帮助他们把因手抖而填写错误的题目根据录音数据进行修正，当然，也要把访问员种种不符合操作规范的题目“揪出来”，以此种种，达到质控的目的。

——孙涌欢

图 4－7　质控督导孙涌欢

有时会遇到一些不太配合或没有能力配合访问的被访者，这就需要访问员耐心询问与讲解，同时也需要我们核查员花费时间和心力去感知，通过双方的语音、语速、语调去判断访问员是否作弊和被访者是否敷衍回答。

——黄婉根

图 4－8　核查员黄婉根

（三）项目前进的护航者

如果说
录音只是一份数据
我想我们在回收其中的财富
如果说
录音是一面镜子
我想它能映照出真实
如果说
录音里有不一样的故事
我想我们才窥探到其中一厘
如果说
录音里有形色的人生
我想我们已体味到百态
对于你们来说
一段录音是什么
如果我说
录音是一艘时空穿梭飞船
可以跃向远方
可以追溯过去
可以承载时空

——黄晓敏

图4-9　项目督导黄晓敏

如果说项目从开始执行到圆满收官，就像是一场铁轨旅行，那么核查员就是这趟旅途中的火车指挥员，确保项目执行没有偏离轨道。

作为指挥员，核查员需要对项目有深入的了解，但他们对项目的了解不同于访问员。访问员通过实地访问来了解项目，容易受到地域性、个人主观意识的限制。核查员通过录音核查来了解项目，一个核查员会接触到不同地域的访问员的访问样本，相比而言，他们对项目会有一个更全面的了解。

所以说，一名好的访问员，不一定是一名好的核查员；但一名好的核查员，一定能够成为一名出色的访问员。核查员虽然没有上到前线，但正是因为他们对访问规范性的把控，才保证项目顺利前行！

——陈浩然

（四）人生百态的聆听者

慢慢觉得做核查工作是一件很奇妙的事情，能够以此与百里之外素未谋面的陌生人建立一种单向的微妙的联系。通过聆听，可以接触不同的家庭，了解不同的故事，感受不同的人生。有时感觉大家很相似，有时却又很不同。有幽默风趣的被访者，也有脾气火爆的被访者。年纪相仿的访问员不同的交流方式和采访方式也让我学习到了很多，有时候我都想跳到现场去和访问员一起访问。

——卢诗茗

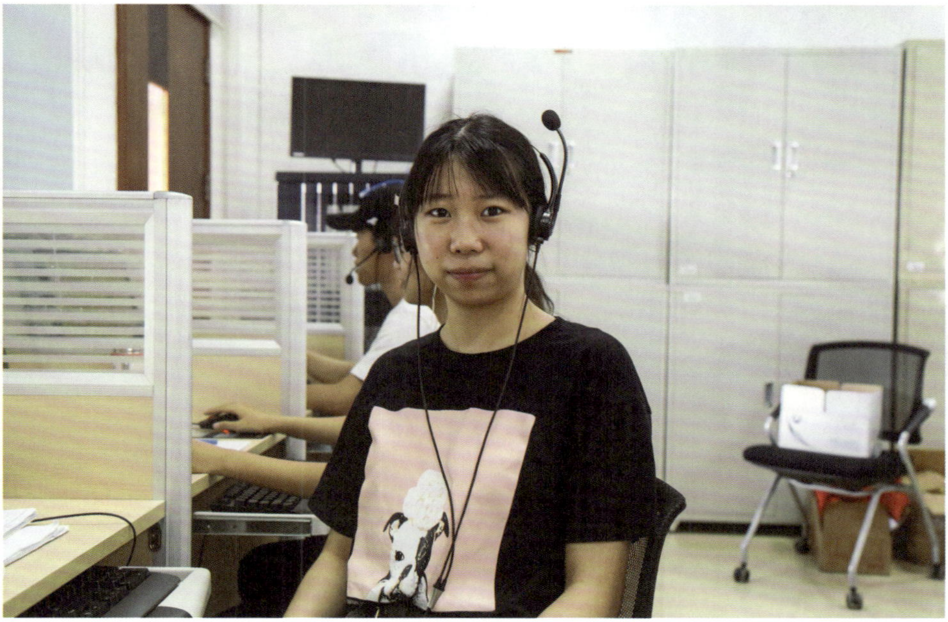

图 4－10 核查员卢诗茗

从录音中听到的是一线城市繁华的背后一个完全不同的世界。在那里，很多人年年入不敷出；大部分人年纪轻轻就出来打工挣钱；父母对孩子的教育意识还很薄弱；大家都习惯于向亲戚朋友借钱却经常忽视正规金融机构的存在。

——张宇辰

图4－11　核查员张宇辰

虽然是机械性地重复着一样的动作，但是耳边听到的却是不一样的故事，虽未眼见，却如亲眼所见。戴上耳机，质控组也与访问员一起行走穿梭于广东的大小乡村，聆听被访者的故事。

——孙涌欢

听完这些录音，一方面，可以了解到现在农村的经济条件并不是很好，很多农村人的生活水平并不高。一些孤寡老人由于子女外出务工，生活各方面十分不便。另一方面，当前很多农村青壮年进城务工，在城市里多处于社会底层，经济状况不是很好，我觉得这可能会造成城乡差距加大。还有，农村的生态环境问题，也非常值得我们关注。

——黄彦民

图 4 – 12　核查员在肖和的指导下进行电话核查

从录音中听到了多样的人生——有时访问过程充满欢声笑语，有时则是气氛严肃；在被访问的对象里，有些人儿孙满堂，有些人则丧偶寡居。

——李诗婷

图4－13　同为核查员的李诗婷已经是调查项目的“老兵”了（去年，她曾参与过中国家庭就业调查，作为访问员敲响了一户户陌生人的门）

在聆听被访者的访问内容时不禁投入了自身的感情，对于他们所经历的不公平之事，自己只能无奈地在一旁听着却什么也做不了。

——林春秀

听各种各样的录音，就像是听一个个家庭的故事，尽管讲的方式并不那么形象生动。听着被访者诉说着生活的酸甜苦辣、时代变迁，仿佛自己就坐在被访者旁边，看到了他们因释然而微笑、因无奈而皱眉的表情。

——范黄娟

二、我们有着不同的目标，但相聚在同一个地方

现在大数据时代来临，在我看来，数据类、社会调查类的事物会越来越流行，这正是我决定报名核查员岗位的原因。虽然我的专业跟核查员岗位工作并无交集，但这反而点燃了我想要“尝试一些新事物，了解新行业”的热情。访问员在前线进行调查时，总会受到质控中心核查员的核查和评价，所以去年当访问员的我认为核查员和访问员是处于对立面的，因而今年我想担任核查员。我想去年的经历可以帮助我更好地了解核查员的工作，同时也可以加深我对整个调查项目的理解。

——黄彦民

图 4－14　核查员黄彦民

最初是想和同学一起报名访问员岗位的，但因为错过了报名时间，所以选择了报名核查员岗位。没开始工作前我以为每天长时间坐在电脑前听录音会很枯燥，但是十几天核查工作下来反而感觉挺有收获的。每天抱着“查犯罪证据”的心态核查问卷，也许不比访问员的实践收获大，但比访问员更能找到问题的所在，明白该如何解决，这些都会成为我以后进行更多社会实践活动的经验技能，就像老师所说的“好的访问员不一定是好的核查员，好的核查员一定是好的访问员”。之前接触过一些问卷设计知识，这次的核查工作，问卷中的问题与问题，问题与选项，问题背后的目的等更让我觉得问卷的设计是一门讲求严谨的高深学问。核查工作进行了13天，听过欢声笑语的访问录音，听过吐槽埋怨不断的访问录音，也听过冷静严肃作答的访问录音，访问员和被访者相互交谈的情景我都会一一想象，了解到很多被访者真实的家庭情况，这也是我最大的收获。我要走出自己的舒适圈，用心去了解更多真实的社会存在。

——潘婉玲

图4－15　核查员潘婉玲

核查员的工作不仅是一个了解乡村的窗口，更是一份责任。作为农林经济管理专业的学生，我比其他同学更加了解掌握乡村第一手情况的重要性，曾经参与过其他调研项目的我也深知高质量的数据对于研究工作的重要性。反复聆听，慎重判断，力求将核查员的作用发挥到最大。当然，核查员的工作并不是枯燥繁重的，相反，它非常生动。录音中访问员与被访者的互动常常让我们忍俊不禁，而被访者聊到的一些问题又时常触动我们的心。每一份录音的背后都是一个家庭的故事，都是乡村一个小小的缩影。这次的质控经验将会是我不可多得的财富。

——郭欣琪

图 4－16　核查员郭欣琪

录音中除了访问员和被访者一问一答交流的正经录音外，还经常会混入一些“不正经”的声音，这些不期而遇的“不正经”的声音正是我做录音核查的乐趣所在。哦？会听到什么样的“不正经”的声音呢？例如——喵星人软绵绵的声音、汪星人蠢萌蠢萌的声音、母鸡下完蛋咯咯咯炫耀的声音，会听到另一个访问员和当地小孩玩耍时无所顾忌的笑声，会听到被访者家里砍柴、洗碗、剁菜的做饭声，偶尔还会听到小溪缓缓流淌的声音。所谓身临其境，就是听到这些声音时脑海中自动浮现的一幅幅优美的画面吧。核查工作虽然累，可每当这时候，我总会忍俊不禁。

——范黄娟

三、深度思考的宝贵机会

有幸能参与广东千村调查项目的核查工作。一开始参与核查时觉得听录音就像听英语听力一样，不听完全部你无法知道正确答案究竟是什么，很多时候顺着听顺着改，改了很长一段时间，结果发现正确的答案在后面，访问员原本的填答就是正确的；有时候由于录音收音质量和被访者的口音，要重复地听，甚至听了好几遍也听不确切。核查员还要考虑答案的合理性、逻辑性，为了确保核查质量，要反反复复地听，很多时候听一段完整的录音就要花比原录音时长要长很多的时间，有时长时间坐着听，听得人累耳朵也痛。

——卢诗茗

刚开始核查时，以为会很简单，只是听听录音，修正错误而已。但是做久了之后才发现，核查员的工作没我想象中那么简单。每次遇到访问员填写的答案与被访者的回答不一样时，就要前后20分钟来回听，看看是不是被访者改变了答案；还有收支部分题目要结合前面的回答判断被访者的回答是否符合逻辑……工作虽然辛苦，但是能在录音中听到广东各地村民的声音，用耳朵了解他们的生活，也是十分有意义的。

——江健

图4－17 核查员江健

我是一名核查员。录音核查的工作虽然是重复性的操作，但是为了保证数据的准确性，我们时时刻刻以严谨认真的态度核查问卷的每一道题目。尤其是想到这些数据将用来做学术研究，我们则是数据质量的把控者，就觉得这是一份很神圣的工作。从录音中我们了解到人生百态，也听到了访问员的艰辛付出。访问员非常有耐心地读完每一道题目，认真倾听每一位被访者的回答，完成一份份相同的问卷，这是让我十分叹服的地方。总之，作为一名核查员收获良多。

——范财华

图 4－18　核查员范财华

参加这次广东千村调查项目的质控工作让我收获良多。我不仅学到了相关的质控方法，还在质控工作中得以窥见大千世界的冰山一角，足不出户地感受到广东各地农村家庭的生活情况。尽管体会不如访问员深切，但也算是颇为有趣了。在一遍又一遍的核查中，越来越体会到这个工作的重要性，收集数据不容易，核对数据，保证数据的真实性、可靠性也就愈加重要。

——杨梓兰

图 4－19　核查员杨梓兰

在通过参加自己学校组织的“三下乡”项目以及听取相关讲座后，我对于农村发展有了一定了解，而这个项目就是关于农村现状的，让我了解到更多关于农村的政策和情况，也让我真切了解到原来在广东不同的农村里其实也存在着发展差距。虽然我没有真正见识到，但是通过录音，我可以想象自己面对着那位村民，想象着自己在那个村里，甚至通过录音去勾勒出那个村子的现状。正是通过这样的方式，我丰富了自己的见识，也因为这个项目而更加留意农村发展的相关新闻、信息，希望有机会能用自己的知识振兴乡村发展。核查员的工作条件相对于访问员好得多，但我可以通过录音感知访问员面临的情景。我常常会敬佩一些访问员的言语魅力，也会为访问员能取得村民信任而高兴，这个时候油然感叹人与人的交流真的可以很暖心、人的淳朴善良真的很珍贵。而这份工作也很锻炼人的耐心，需要你慢慢听、仔细核查，也算是磨炼了自己的耐性。

——何靖楠

图4－20　核查员何靖楠

通过录音我可以感受到奋战在前线的访问员的辛苦和快乐，也可以在一定程度上了解到目前广东农村的生活和发展情况，用这种方式去了解未曾去过，也可能没有机会去的地方。看似枯燥无聊的工作，其实也是一种别样的学习和体验，或多或少会了解到以前不曾知道的现实，也能培养自己的耐心和细心，还会对自己的生活有所反思，对很多问题的思考也会更全面，感谢核查工作让我获益良多。于我而言，这是一份极其需要耐心和细心的工作，每一个错误或遗漏都是我不能忽视和错过的。键盘上轻敲快打的核查记录，如点滴雨露般见证着我们的认真与用心。感谢这些日子看到了访问员的进步，也庆幸自己的成长！

——吴剑霞

四、小结

一台电脑、一副耳麦，另加一本记事本、一支油性笔，这几乎便是每位核查员所有的家当，同时这也是他们在数据去伪存真方面战斗的利器。

质控队伍是特殊的，这不仅体现在工作内容与工作环境的特殊性上，更在于工作任务与工作性质的与众不同，因为他们所用心倾听的，是每一份未经修饰的原始样本；他们用笔所记录的，是对每一位访问员的核查评价；而他们用键盘敲下的，则是项目质量监控的第一道防线。

2018 年 7 月 26 号上午 10 点的那一分钟，第一份行政村问卷回传到后台，我们会记住这一分钟！2018 年 8 月 15 号下午 6 点前的那一分钟，由 5 位中心质控组工作人员，带领由 29 位核查员组成的广东千村调查质控队伍已累计完成了 153 名前线访问员回传的三千多份样本中的 956 份样本的核查工作，稳稳把控住回传数据的第一道质量关，并且在第一时间发现访问员的问题，兢兢业业，不放过任何一个细节，全力确保整个项目有序、高质量进行。

在整个核查过程中，质控组全体人员以及核查员们都秉承着客观真实、严谨细致的工作态度，肩负起力保每一份原始数据可靠可信的工作使命，在质量优先的前提下，做到了合理评价调查样本、及时发现访问员的问题、实时反馈数据，全力推进质控工作与千村调查项目高质高效地开展。

V

在这里重新认识乡村

事必躬行，方知乡村实况

（2018 广东千村调查项目研究团队成员　史炜）

潮州的预调查在炎热的七月上旬开展。这次选取的样本村落是潮州潮安区文祠镇的两个村子。通过实地调查，我从多方面了解到这两个村子，也对广东乡村的一些问题有了更深的理解。

一、精准扶贫

《“十三五”脱贫攻坚规划》提出，在 2020 年前现行标准下农村建档立卡贫困人口实现脱贫、建档立卡贫困村和贫困县全部摘帽。我们调研的一个村在 2016 年被列为广东省级贫困村。通过和村干部、村民交流，近年来该村民生的发展和村容环境的改善给我们留下了深刻的印象。在贫困人口脱贫这一方面，一个可喜的进展是经过两年的帮扶，所有贫困户都预计可以在帮扶期内实现脱贫。村委会中公示的文件显示，每个贫困户得到的帮扶项目都是量身打造的，以促进稳定脱贫。

该村贫困户中包括了 2 户五保户和 3 户低保户，还有因其他原因致贫的家户。贫困背后的原因各不相同，因此所适用的帮扶项目也因户而异。比如，针对有劳动能力的家户，促进自主增收的项目就更为合适。这些家户获得了技能培训、就业扶贫（包括设立公益岗位）等。我们访问的一个贫困户的儿子刚高中毕业，即将成为大学生。他的高中和大学的学费得到了减免，生活费也有补贴。虽然这个家户的房屋还比较简陋，屋内条件和毛坯房类似，但相信同样的经费用于住房修缮所产生的长期效果很可能不如促进教育投资的补贴。除了这些促进自主增收的项目外，保障类项目则为所有家户提供了“兜底”，包括政策性补贴、医疗保险和救助。

扶贫项目既提高了准头，也增加了“弹药量”。除了各级政府投入的资金增加外，这个村和广东省珠三角地区里一个经济相对发达的市结成了对口帮扶对子，这有助于扶贫增收项目引进和管理经验交流。

这种在一个政策框架下，覆盖因不同原因致贫的家户，力争从多样化的增收保障项目中找到最适合的“配方”，有望突破以往扶贫项目覆盖有限和针对性不强的缺点，再加上近年来扶贫资金投入力度加强，相信其他区域的脱贫任务也可以像这个村一样得以顺利完成。

同时，这些民生项目的实施对基层组织提出了新的要求。贫困户在建档立卡时需要村委干部和调查人员登门核查资产、收入支出等情况，之后的流程包括村民申请、村民小组和村民代表评议、村委会公示、乡镇人民政府审核，最终由县级人民政府审定最终名单。在建档立卡后，扶贫效果的监测评估也需要这些家户及时准确的信息。这都要求有一个管理有效的村委会、乡镇县各级政府。我们参观了潮安区两个村的村委会。每个村都有对口的镇干部，他们每周会花不少时间在村委，在一些事项的协调和政策宣传等方面给予基层帮助。村委会也是公共服务站，我们在墙上看到了很多相关的政策说明和办事规范。一些事项可以直接在村委会办妥，如果事项无法在村委会直接办理，则注明了流程和所需的时间。我们和负责干部进行了交流，感觉村镇两级组织联系紧密，他们对村里具体情况如数家珍，对接下来的发展“硬骨头”也有明确的认识。

因为贫困户面临的困难各不相同，所以最适用的扶贫项目也不同。在精准扶贫的实际落实中，中央为此提出“五个一批”，即通过扶持生产和就业发展一批、通过易地搬迁安置一批、通过生态保护脱贫一批、通过教育扶贫脱贫一批、通过低保政策兜底一批。一个家户获得的扶贫项目是一个组合。比如在我们访问的村，对于没有劳动能力的贫困户，帮扶项目主要以慰问金为主。对于有劳动能力的贫困户，技能培训、教育扶贫、贷款贴息在其扶贫项目中的比例更高。此外，还有一些帮扶项目可以看出是基于贫困户的实际需要制定的，比如一些家户获得了比较高数额的住房改造和医疗救助金。

如果实施得当，基于建档立卡时收集的翔实的家户信息，可以精准施策，量身打造最适用的扶贫策略。通过了解贫困户的致贫原因，对有劳动能力的家户给予技能教育培训等方面的帮扶，有助于提高他们自我脱贫的能力，从而使得脱贫的成果更稳健。

从制度设计的角度来看，精准扶贫包含了对贫困户和致贫原因的精准识别，以及针对家户实际情况，精准制定帮扶项目组合。贫困的产生和脱贫是一个动态的过程。在调研中我们了解到获得帮扶项目的家户在帮扶期内可支配收入都有了明显的增加，该村所有贫困户都有望在帮扶期的后期实现脱贫。基于未来广东千村调查对访问家户的追访，我们可以了解贫困户在帮扶期结束后的实际脱贫情况。在精准扶贫的背景下，如何最优化各个项目的组合，并衡量这些量身打造的组合的扶贫效果，是一个将经济理论应用于实际问题的很有意思的项目。相信基于广东千村调查的数据，通过衡量贫困户在帮扶期结束后的生活情况，并与他们获得的帮扶项目组合联系起来，可以进行如何优化未来帮扶项目组合设计的研究。

图5－1　史炜（左一）参加千村调查预调查

除了脱贫，贫困的产生也是动态的过程。由于社会经济的发展与转型，一些家户可能会面临新的困难，也会出现新的致贫原因。因此，贫困户的精准识别是一项要长期进行的工作。如果长期只依靠基层干部和驻村工作队来掌握已建档立卡的贫困户的脱贫情况和可能出现的新的贫困户，并甄别各种致贫原因，基层的工作负担将会较重。此外，一些有劳动能力的贫困户可能会迁移到城市打工，如何掌握在城市打工的贫困户的情况也是一个挑战。精准扶贫还涉及跨地区的财政转移支付，长期来看也需要制度保证。

相对于传统的开发式扶贫，精准扶贫的定位更高。不单单是一个区域总体上的脱贫，而且更要将政策聚焦于每一个不同的贫困户，不落下一个人。如何设计一个低成本的精准扶贫模式，并考虑到贫困在时间和空间上的演变以及个体家户的劳动供给变化等应对决策，是一个很有挑战的经济学问题。

二、生态环境

另外一个令我们记忆犹新的是村容村貌的改善。潮安区坐拥着青山绿水，自然环境优美。但居住质量受限于交通和基础设施条件。通过改善村民居住环境，改善村内和周边生态环境、硬化村道等举措，一个美丽宜居的村落雏形逐步显现。在公共文化活动方面，村子兴建了村内广场和健身设施，修缮了祠堂。

不少农户都有家人在外地工作，这些环境的改善应该有助于吸引他们回乡创业。在调研期间，我们还发现周边已有零星的农家乐出现。可以预想到这些工程既在很大程度上改善了乡村的居住环境，也为村民增收提供了新的途径，进而提高村民的幸福感。

图 5－2 乡村的标语

乡村振兴有许多改革措施已初显成效。广东千村调查项目带回了更多来自广东乡村的一手数据和资料，以此为基础的专业化、数据化、科学化的研究成果将为乡村振兴助力。

千村实地跟访：守望相助，其苦也乐

（2018 广东千村调查项目宣传员　梁迪思）

项目进行期间，宣传组曾跟访过几支队伍，跟他们一起入村访问，在与访问员同吃同住的过程中记录下访问员的调查点滴。以下为宣传组跟访三支队伍后的调查手记。

一、惠来队——乐观向上　披荆斩棘

1.“救救孩子”

“我已经不想再吃八宝粥了。”一位队员对着镜头委屈巴巴地“哭诉”起来，一旁的队友却很开心地笑着。

刚到达惠来队的“据点”——小学旁一棵老树下时，队员们正收拾午饭后的垃圾——面包包装袋和几个八宝粥罐子。问及他们为什么不去附近餐馆吃饭，才得知因为访问的这个村子比较偏僻，附近都是农户家庭，方圆几里没有营业性餐馆，队员们只能提前准备中午的伙食，有的队员买了面包，有的队员则买了八宝粥。他们笑着说：“一罐三块五的八宝粥就可以撑一天。”本以为他们只是打趣食物的“难吃”和任务的艰苦，但在晚上回到酒店之后，看到队员们一边兴高采烈地展示他们购置的各种口味的八宝粥，一边津津乐道于每个口味的优劣时，便知道对于食物的“嫌弃”和任务的压力并没有让他们颓丧，反而在互相打趣中消弭了这份消极，并成为一剂苦中作乐的“调味剂”。

图 5－3 队员在吃八宝粥

2. “你不是废物啦”

队里有两位不是潮汕地区的队员，他们也和我（宣传组人员）一样，听着大爷大妈讲述各种好玩的过往时只能一脸茫然装着听懂的样子，时而点头表示听懂了，时而正襟危坐表示尊敬，只有到大家因为一个好笑的故事而哈哈大笑的时候，自己才能够从“异国”中缓过神来，再继续报以微笑和善意。好奇地询问过他们在访问时听不懂是什么感受，他们半打趣地说，“觉得自己就像废物一样”。在开始的时候，他们只能够跟着队友走家访户，几个小时下来，所有的访问都是队友一个人做完的，他们一点忙也帮不上，那个时候会很失落，不过后来他们调整好了心态，拿着问卷一道道题地听，现在已经可以听懂问卷中的“潮汕话”了。讲述感受时，他们眼神中流露出难掩的自豪和开心。

另一边的队友听到后很认真地说：“不是废物啦，在访问过程中有很多需要计算和讨论的问题，他们都会在听懂了之后在一旁帮忙计算，而且无论在任何时候，团队里的大家都是共同进退的。”队友情谊，应该就是在这样的互相扶持中逐渐加深的吧。

3. “换”来的老奶奶

在跟访过程中印象很深的是一位老奶奶，她在和访问员合照前专门到门后对着镜子细细地整理仪容。据访问员说老奶奶在访问前就十分热情地邀请他们进入家里，回答问题时也没有半分的犹豫和不耐烦，甚至讲到兴起之处还和他们分享自己的有趣经历。“这是我们遭遇十几户拒访才‘换’来的一位老奶奶!”一位访问员忽有感概地说道。原来在还没“遇到”老奶奶之前，他们已经被十几户家庭拒访了，拒访加上烈日，不到半天，访问员们便已经疲惫不堪了，连中午集中一起说笑的时间也变得沉默了。但自从遇到老奶奶之后，他们直言拒访也不像之前那么“可怕”了，在面对老伯和阿姨不耐烦的神情时也能够多一份从容去面对了。

图5-4　访问员在与老奶奶进行问卷调查

虽然自己不是一线的访问员，没能切身感受他们的不易，但是在短短几个小时的跟访中，我能够感受到他们面对困难时的那份坚韧，以及团队之间跨越语言障碍的默契在一次又一次的磨炼中加深，成为彼此一路披荆斩棘的力量。

二、揭东队——守望相助 无惧风雨

1. 我们有个奇怪的队长

“少达的笑点低，拉低了我们整个队伍的笑点……”

“有时候他会自己想着某些事情就笑起来……”

趁着队长在访问的空隙，队友们都在一旁吐槽起来，这让我有点震惊，毕竟在跟访的开始，就闻到了“八卦”的味道。但在队长访问出来后，因为找不见一份重要文件而异常着急时，整个队伍也开始着急起来，急急忙忙地在袋子中翻找了一遍又一遍，最后使大家再次其乐融融地互相打闹的，是队长略微独特的笑容。

2. “十大拒访理由”

“昨天一个早上就被不下十户拒访”，项目督导肖和老师想要了解大家近日的情况，队员们尴尬又不失微笑地回答着，另一边的队友马上抢着说，“是啊，那个阿姨拒访的理由还让我无法反驳”。话尾刚落，队里就开始七嘴八舌地讨论起来，分享着自己被拒访的理由。几番大笑过后，还整编了“十大拒访理由”。

“我们老人家什么都没有。”

“我们农村人什么都没有。”

“我不要！我不要！我什么都不要！”

“没有，没有，没有，我什么都没有。”

“这要怎么去计算啊……”

…… ……

图 5－5　访问员在向项目督导肖和分享被拒访的经历

3. 我不愿落下和你们的每一个回忆

因为持续高温的天气和疲劳的访问，一位访问员生病了，需要在住处休息一天。这对于队伍来说无疑增加了工作的压力，在人员分配上也会出现尴尬的局面，但在讲起这位队友的时候，大家非但没有埋怨，还很心疼地描述着，“她昨天发烧还撑着做了四五户”，坐在角落的她一边听一边不好意思地默默笑着，仿佛被讨论的只是一件很平常的事情。随后在计划明天的工作和人员安排时，队里还是把她列为“重点保护对象”，此时在一旁的她却一反安静的状态，坚决地“大声”拒绝了，还讲了一个让大家都“无法拒绝”的理由，“在这里，好无聊……”

本来还在想着访问的最后让他们回答一下这趟旅程对于他们来说最大的收获是什么。但相处了几个小时后，发现这个问题已经不需要再问了。在困难中依然乐观的他们，在压力中依然相互扶持的他们，就是他们最大的收获。

加油，揭东队！

三、潮安队——坚守信念　终获阳光

1. “革命根据地”

访问员们熟练地推开村委会办公室的门，放下书包，开空调，一间 20 平方米大的村委会办公室就像家一样，问及他们为何如此熟悉，他们便扯开了笑脸，既不好意思又自豪地说："每天我们都过来这里休息。"原来，村委会工作人员每天只在上午办公，访问员们便每天早上轮流留一个人在村委会办公室看守东西，等其他队友回来休息替换，下午回酒店便帮忙关电源关门。几日下来，村委会办公室也成了他们休息的"革命根据地"。

图5-6　项目督导肖和与访问员们在村委会办公室前合影

2. "一袋酸奶"

在跟访过程中，曾看到访问员们被拒访那刻的无措和尴尬，几个访问员围在一起紧张地和村民解释着，用力比画着，力图取得信任，但村民还是在疑惑中关上了大门。虽然被拒，他们还是迅速整理和记录好相应信息，然后赶往下一户。

熟练地应对着拒访，在所有的访问中稳扎稳打，循序渐进，这支队伍的坚忍让人吃惊。细细问下去，原来，在两三天前，他们也曾因为拒访而彷徨，但在那个时候，一位好心的老伯递了一袋酸奶给他们，这个举动让他们很感动，也因此记着即使“生活已经痛下杀手”，但只要心存希望，坚持下去，总会遇到美好和感动。

3. “老朋友”

跟访快结束时，访问员们正在村道查看下一位被访者的信息，这时一只棕色的小狗猛地冲了出来，在我以为即将发生一些意外状况时，访问员们却俯下身，任由小狗往身上蹭，像一群认识了很久的朋友，互相亲昵地打着招呼。最后队伍离开时，小狗还依依不舍地“十八相送”。虽说物种之间总有不可跨越的鸿沟，但此刻我看到了彼此的喜欢和信赖。

图 5－7　访问员们与村里的小狗已成为老朋友

从陌生到熟悉，他们敲开了一家家被访者的大门；从彷徨到从容，他们在应对拒访中迅速成长；从拘谨到自然，他们在调查访问中收获真情。

我愿成为一座桥

（2018 广东千村调查项目汕尾陆河队访问员　李丽娜）

现在是晚上 11 点 19 分，我耳机里面响着“你飞过了白昼，她再没有黑夜”，美丽又哀伤。对话框还停留在尴尬的一幕，朋友炮语连珠的认知强加，甚至拒绝看到我的想法。

图 5－8　访问员与朋友的聊天记录

什么是美好呢？我们真的没有办法去改变不美好吗？这世界会变好吗？

参加调查之初，我的目的是想了解数据的产生。作为一名数据需求者，我真的感受到因为数据缺乏和不真实而没有办法进行研究的问题。数据空白、不可信，我像很多人一样调侃一国的 GDP 平均水平，好奇又怀疑。从最开始迷迷糊糊地报名参加千村调查，到参加培训时极度不适，再到此刻的深有体会。作为数据的收集者，我终于整理完一天的工作，坐下来和朋友闲聊，却莫名被朋友强烈反驳。在聊天的过程中，或者可以说是“解释”的过程中，我却越来越确定我在做的是一件重要而有意义的事。

“广东千村调查的目的是系统地收集广东省乡村的发展概况等信息，为有关部门的乡村振兴计划或有关政策的决策提供参考”，这一段问卷引语我记得滚瓜烂熟，在实际的一户户访问中，我才越来越感受到这短短两句话的重量。

在参加广东千村调查的前一天我抽空去看了暑期大火的《我不是药神》，几乎是捧着一颗心看完的，我自身的情况和片中的人物有相似之处，所以那种在绝望中寻求希望的强烈挣扎，我闭上眼就能感受到。但是人一旦逃离痛苦就会学会遗忘，我忘记了，乡村就是贫穷困苦牵扯最密集的地域。

从我们第一天等了一个小时都没等到大巴开始，我知道，我首先要面对的不是问卷中那些黑白分明的问题，而是混杂着苦乐酸甜的乡村。访问第一户就让我有了放弃的念头，作为一个土生土长的四川人，我的普通话都是磕磕巴巴的，而在长达四小时的全客家话访问中，我在心中暗骂自己千百次为什么要报名这种项目，什么都学不到还浪费时间。

但是，作为第二访问员，在听不懂的交流中，我静静地观察着，被访的户主，他应该是五十岁左右，有很明显的大脖子病，挽到膝盖的裤脚露出他的小腿，小腿的皮肤很多都裂开了，甚至有点血肉模糊，应该是常年赤脚。他有一个女儿，虽然披散着头发，但是非常淳朴干净，眼神空灵。慢慢地通过访问，我大概知道，这个和我同岁的女孩子的妈妈去世了，她四年级时因妈妈去世就辍学了。她还患有精神病，一年中的大部分时间都只能在医院待着。

这个男人，不懂我们的语言，靠着别人翻译才能够明白我们的意思。生活完全靠救济，但是在访问中，他全程静静地微笑，是非常纯真的笑。最后访问结束，我们要给礼金时，他突然情绪激烈，一番解释后，我们才明白他不接受礼金。“你们也不容易，这些我们应该配合。”“这个钱我不能收!”我非常意外，因为我们最开始表明会给他问卷礼金时，我以为他只是表面拒绝，没想到他是真的不接受。靠着政府和村民救济生活，难道不是很需要钱吗？难道不是越贫穷、困难的人，越会绞尽脑汁争取利益吗？这难道是朋友所指的“不美好”吗？

图 5－9 乡村田地

在村子里面待的时间越长，我越能够感受到，越是贫穷、困难的人，反而越是不会计较。我也越来越能够感受到这些村民的一些渴望。他们渴望自己能够变得更好，不是靠着救济，不是靠着可怜，而是平等健康地获得属于自己的财富，用自己的努力去得到幸福。

这世界上贫穷的人有很多，但是，有这样一群人，从出生到离开世界，都勤勤恳恳、善良热情。但是，因为一些客观原因，如消息阻塞、缺乏数据统计，他们所做的没有被别人知道，没有得到同等的回报；他们深陷困境，但是没有得到更多的帮助。

"我相信这个世界会变好的，我相信这一天会来到的。"这是《我不是药神》里面卖"印度格列宁"的老板在被判刑时说的话。什么是美好呢？什么是不美好呢？我想，不美好和美好是同时存在于城市和乡村的。城市化隐匿起来的人情在乡村中正浓，而乡村的落后阻塞在城市中难得一见。

我们能够改变这些吗？

一个人的力量肯定是不够的，所以我非常感谢广东千村调查这个项目组，能够凝聚这么多的力量，大家都真诚地为这个不完美做出一些改变，一点点地将这些数据收集起来，供同样真诚的研究者为世界变得更好而努力，让乡村这个温柔但又强大的群体真实具体地存在于所有人面前。就像在访问中常常被人问到"你们这个项目有意义吗？"我越来越明白它的意义和重要性，它凝聚了很多人的努力，它也承载着更多人的渴望。

如果可以让这个世界的美好淹没不美好，如果能够让更多的人真实地展示在这世间，我愿意承担着沿途奔波的风雨，"探访广东民情，助力乡村振兴"。我愿能成为一座桥，成为千万分之一的桥，将乡村指引到美好。

"你飞过了汪洋，她再没有山巅。"

这个夏天，我们一起走过的村落和敲过的家门

（2018 广东千村调查项目清远佛冈队访问员　刘婕）

匆匆忙忙结束了前面两个行政村的所有任务，我们六人终于在昨天傍晚赶到了新的任务地点，除去任务进展顺利的喜悦，不可否认的是每个人的生理和心理状态都疲乏到了极点。

晚上洗漱完躺在床上收到了队长的消息："小婕我们出篇稿吧？"我说好。

其实之前不是没有过要写文字记录的决心，每日伴着清早的暖阳，奔波于不同的街巷，敲开不同人家的门，听不同的故事，记录、询问、思考，直到夜晚披着星辰回住所，表达欲像冰镇汽水里的泡泡般不断往上冒，却都淹于洗完澡后柔软的被窝。

直至今日迎来了第一个休假，我思考了很久，还是决定用第一人称的口吻敲下这篇稿子。

若要我形容对这个项目和我所在团队的感情，我莫名地就想起在电梯里小伙伴说要丢我一个人在酒店睡觉他们去下一站的情景，当时我顺口接了一句，"好呀，那我睡醒就自己回家咯"。可是下一秒就后悔到不行，"不不，我怎么舍得你们"。

想必就是这样子的情感了——一面饱受折磨，一面却舍不得离开。我想很多年后我想起这群人时，还是会内心柔软，而现如今我们是一起坚强、共同奋进的。

"有困难不后退，我们是清远佛冈队。"

图5－10　遇到问题集体解决

这句话是培训期间听闻要拍摄小组特色宣传视频时，“钱哥”（组内负责财务管理的同学）乱说的一句口号，当时所有人都只当作是一句玩笑，哪怕是现在提起来大家还是会笑成一团，可渐渐地，它成了我们的真实写照。我们做第一个自然村的调查的时候是最艰苦的，村内人家住得分散，户与户之间相隔得非常远，外出务工的人员也很多，加之我们缺乏经验，第一天开工全组人就加班到了晚上十点钟，调查任务进度条却只往前挪动了一点点。后续开工又遭到被访者的拒访。队友们掐准了午饭时间，提前一个半小时就蹲在了楼下等，炎炎烈日下地上的砂石被烤得滚烫，我们四个人找了块木头坐着闲聊，被阳光烘得发晕，不知具体过去了多长时间，只知终于等到了刚刚带母亲看完病回家的被访者，沟通再三之后劝服了他，完成了访谈。

想起离开唐棠镇（化名）的那天，群里的小伙伴和我闲聊了几句，说真羡慕我们完成得那么快。当时我坐在飞驰的汽车上，内心是百味杂陈，是啊，我们就这样熬下来了。除去那部分不可否认的运气，6 天 66 份问卷是我们 6 个人用血汗拼搏下来的战绩。在唐棠镇任务结束的前一天，我们 6 个人仅用一天时间就完成了 15 份平均时长两个小时的问卷。那日同样是晴空万里，高温吞噬着每个人的体力与耐心，从清晨队长同队员做完 30 多户的联系确认工作到晚上 8 点钟我们完成问卷，整支队伍高强度工作了 12 个小时，收工后每个人像打了鸡血般就着昏暗的路灯自拍，到镇上吃“收工饭”，分享一天的趣闻和感受。最难以忘却的是那天铁人般的队长开口说自己做到快崩溃了，却又在当天晚上带着我们开线上会议开到了深夜 1 点多。

图 5－11　访问员们合照

就是这样一群一起坚持、一起死扛的人在这短短的7天里给予了彼此无尽的温暖与欢笑。我们会在晚上开线上会议的时候笑到说不出话，也会彼此偷拍“黑照”；会在吃饭的时候分享自己的汤菜，也会在熄灯后悄咪咪夜谈。条件越艰苦，总是越容易感到快乐，我想这个夏天最快乐的日子就是与这群人一起度过的。那种因为怕狗而被队友护在身后的温暖，那种饿时两个人分一个面包的满足，还有一群人坐农用车吹着风坐都坐不稳还要大笑着拿手机自拍的疯狂……我想，这是我们留给彼此的印记，也是我们这群人留给佛冈的印象，它是鲜活而有温度的，也是年轻热血的。

“多深情，才细枝末节。”每每我想起这个小团队，想起我们走过的村落和我们敲过的家门，脑海里浮想的都是细致而清晰的画面，或许，是因为情深吧，一群人要走在一起，总是需要天大的缘分。我想，如果多年后我再回到这里，依然不会忘记这个夏天发生的一切，就像一支长夜梦回的曲子。

无穷的远方，无数的人们，都与我有关

（2018 广东千村调查肇庆怀集队访问员　黄念晞）

一个女孩子考上高中，父亲却劝说她放弃："我们差不多就算了，识字就好了。"还想继续上学的她尝试说服父亲，承诺选择职业学院，假期时会打工赚学费，减轻家庭负担。

图 5－12　固执虔诚的迷信与磨破衣衫的劳作

一位受访的父亲停下来吸了口烟，吐着烟圈，良久不语，后来又接着话头往下讲。

他年轻时照顾重病卧床的家人，妻子却因为家里太穷生下女儿后不久就走了，他一个人挑起破碎而沉重的家，几十年如一日，除了睡觉吃饭，便是无尽的辛劳，却仍是家徒四壁。前不久女儿考上高中，考虑到家庭的经济状况和自己的身体情况，他只能对女儿说："我们差不多就算了，识字就好了。"

赡养父母，供学子女，看似平常不过，却几乎穷尽这位单亲爸爸的一生所有；而他留给自己的，大概只有手中那支未抽完的香烟。

继续求学，改变命运，看似可行的坦途，此后却是这位女儿永远的遗憾与不甘。

贫富、城乡发展的差距好似一个漩涡，把两头的人甩得越来越远。走过太多家徒四壁的房子，听过太多被访者诉说语气里的戾气与怨尤，似行走在荒漠之中，遥遥无望。

记得走访期间在某一户人家中看到了没有装修却贴满奖状的墙壁，十分显眼。男主人说起孩子的优秀时，言语中袒露自己因无法提供更好的生活的自责，但眼里有着掩不住的亮光。在我们走访的几个村庄中，大多数人只有初中学历，父辈是，后代也是，"留守儿童成年后结婚生子，再造下一代留守儿童"。相较于金钱短缺，让乡村没落的"怪圈"更难打破的是教育理念的贫瘠。"在家照看孩子就没米下煲了""他家儿子大学毕业后的工资还没我儿子进厂打工工资高"，生计所迫以及对教育成果物化的度量，读书无用论在这里似乎更轻易被接纳。然而在有的村落，每年村民都会自发地捐款，给村里考上大学的孩子颁发奖励金，并将他们的名字张榜在宗族祠堂里；与村民交谈时，他们会自豪地说出今年村里大学生的数量，每一个名字似乎都代表了一份希望。

生活在城镇的我们从小被教导要好好读书，几乎不用为学费担忧，失学仿佛只存在于遥远的过去。可实地调查之后，我们才知道这些"遗憾"是真实存在的，只有在我们亲身接触的时候，才会感受到"教育是兴国的根本大计"这一句话的厚重。

图 5－13 小镇集市上随处可见孤寡老人

行走在泥泞的村道之中，会有村民热情地拿出刚摘的水果塞给我们；不认路时也有村民领着我们到处“踩点”问户。曾经与身患癌症的村民笑谈生活，期待未来；曾经和队友雨中奔跑，路边餐宿；曾经因为访问受挫而倍感压力、失望，但最终在顺利完成工作之后，我们体会到了坚持的意义。

深访的这段日子，作为访问员的我们面对了很多，那些生活苦难的承受者就坐在触手可及的地方与我们对话，口述他们的过往与当下。虽然我们能做的只是旁听和记录，但农村的千态万状，或隐涩或希冀，在触手可碰之间，都将收于眼底、浸于心田。深切感触后不禁由衷致敬积极向上的村民、实干的基层干部，我想我不会再轻易倍感失望或愤懑于某些不好的社会现象，而是始终相信一定会有人正在为了更好的生活而拼出十二分努力。

日后，也许在一次次挑灯夜读时，在一次次为现实的困顿苦恼时，在一次次为理想而挣扎时，会不经意地想起现在的思索，想起走过的村道，想起鲁迅先生的那一句话：无穷的远方，无数的人们，都与我有关。

来自潮安小分队山重水复的转折

（2018 广东千村调查项目潮州潮安队访问员　翁芝涵）

报告报告！潮安小分队在玉隆村（化名）遭遇重大挫折！高度预警！最高级预警！抗争失败！

这几乎是来到玉隆村两天的潮安小分队的真实情况：每天拒访率为 80%，访问员问路被冷漠赶出去，被访者直接拍视频的侵犯……于是乎，第一天完成 4 户户问卷而第二天只完成一户户问卷的我们，甚至已经想好，如果接下来的日子也是这样的话，而且每一户还得再拜访三次才能转战，那么在 8 月 19 号项目“强制结束”之前我们只能把所有时间耗在这里……各种困难，无法一一列举，那两天的艰难与焦灼让我们甚至想跳过这一个村，直接去下一个村访问，甚至想要放弃这个片区的样本……这些都是当时我们的真实想法。因为每天吃闭门羹，每天被怀疑、被质疑、被拒绝，我们的情绪十分低落，沮丧到觉得无路可走了。但转折，恰恰发生在第三天。

第三天——虽然实际上情况也并没有好很多，只完成了 5 户户问卷而已，但第三天发生了很多让我们感觉“每一个明天都将充满希望”的小事。第一件事是有一个连续拒访两次的被访者在我们离开之前最后一次接触时接受了我们的访问；有一个被访者我们接触了两次，第一次他坚决认为我们做的没有意义，第二次他接受了我们的访问，他的儿子中途回来了，也一起接受了调查，在访问过程中他的儿子对很多问题分析得很深入，对于乡村的环境污染问题、医疗保险问题等都讲述了自己深刻的见解。我和另外一个访问员——黄铭都觉得他的儿子走南闯北，眼界广且价值观正，巧合的是，这一家恰恰是第二天唯一接受我们访问那一户的亲戚，于是我们又感叹理解度高的总是“气质”相似的一家人。他们由质疑到理解的转变，给予了我们很大的心灵安慰，让我们一扫之前的沮丧。事实证明，坚持总会有转机，真诚也能让山重水复的我们迎来柳暗花明。

图 5－14 前往被访者家中

第二件事，另外两名队员——淑琼和罗杏在这一天去到另外一家被访者家中访问。那一家主人很热情很配合，知道其中一个访问员是湛江人，不会说潮州话，还特地用普通话说：“他们不理解你们，我们理解！”访问过程中还冲泡了为贵客预备的顶级红茶，并且一直关心我们的住宿饮食，听到我们的困境还给我们出主意，“你们就说是书记交代的任务就行了”。于是，两人同样深深感受到能够被人理解、支持，是多么可贵而令人暖心的。

第三件事，我和黄铭在找一家村户时，一个中年阿叔问我们具体做的是什么调查，有没有涉及农村现在发展困境的一些问题。我们细致回答之后，阿叔就先竖起大拇指，说：“现在习近平总书记战略眼光很广，你看‘一带一路’、命运共同体建设、农村建设等，你们做的这些事是真正能将农村情况反馈上去的，为将来政府振兴农村提供真实情况……”我和黄铭听完以后觉得，天哪，原来在这个对我们如此不欢迎、如此冷漠、如此拒之门外的村里，真的还是有村民能理解我们所做事情的意义和价值，终于不再是一次又一次地拒绝、一次又一次认为我们的调查无意义，以至于连我们自己都怀疑自身所做的意义，动摇想要坚持下去的信念。我们终于遇到明白千村调查真正意义所在的人了……

图 5 - 15　当地村民为访问员指路

调查结束后静下心来思考这个村子拒访率如此高的原因，大抵是因为这里工厂以及家庭作坊十分发达，村民忙碌而防备心重，小额误工费也确实补不上他们误工所产生的经济损失，而其他一些不信任、怕麻烦等根深蒂固的想法，甚至可以追溯到某些历史时期政府对国民性的“塑造”、对人性的摧毁以及国人一贯的“事不关己”的为人处世原则。潮安小分队六人的山重水复确实艰难却也普遍，我们有的，也许只是微不足道的坚持与真诚，转折、惊喜与感动永远不知道会在哪个时候出现，但终将赢得的同等的信任与真诚，永远不会缺席。

农 殇

（2018 广东千村调查项目汕头潮南队访问员 陈佳燃）

“草长莺飞二月天，拂堤杨柳醉春烟。儿童散学归来早，忙趁东风放纸鸢。”嫩草青青，鸟语花香，河边杨柳伴着春天的薄雾，孩子们放学归来欢快地放风筝，嬉戏玩耍。高鼎描述的这样唯美的画面便是我之前对中国传统农村的理解，自己也一直很想切身体验这种恬静。终于广东千村调查项目给了我这次机会，让我能以访问员的身份深入农村，进入农户了解情况，探访广东民

图 5－16 炎热的中午访问员行走于潮汕村落

情。这次偶然的机会让我对中国农村现状有了更深层次的认识。

农村现状远远不像想象中的唯美，我们感受到更多的是不便。一个被群山环抱的村落，能通往这里的，只有一条单车道的山路。交通是经济发展的血管，因而交通不便似乎注定了村落的贫穷。

我们来到村里的一户人家，这户人家家里只有两位老人，子女在外头打工。老人很热情，招待我们喝茶、吃龙眼，很积极地接受访问。访问之后，老太太便和我们拉起家常，述说起他们家的不易。老爷子高血压，近几年几乎每年都要去医院做手术，一次便是几万甚至十几万，只靠打工赚钱养家的子女压力很大，甚至需要到处借钱为老父亲治病。虽然现在在中国农村，医保体系已经相当完善，医疗费超过 20 000 元的部分最高报销可达 70%，但是本次调查显示，农村家庭年收入普遍不高，就算有医疗保险报销农村家庭也很难支付起

图 5－17　乡村一景

自费部分高昂的医疗费。而且在我们访问的过程中，我们发现这类现象在农村是普遍的，并非偶然。可见目前“因病致贫，因病返贫”问题仍然是农村普通家庭的一个很大的隐患，也是农村贫困地区突出的社会问题和一大顽疾。

在走访四个行政村之后，我发现我先前对农村的定义几乎完全崩塌了。我很少看到“晨兴理荒秽，戴月荷锄归”的景象，更多的是“草盛豆苗稀”。在我访问的村子里，很少有专门从事农业劳动的人员，年轻人大多是打工，种田变成了老年人的业余劳动。村民说，种田不如打工，这一句便点出了重点。在南方农村，由于丘陵较多，很难搞机械化种植，大部分农活还得靠纯人工。种种因素的影响下，种地非但赚不了钱，还可能赔钱。一个村盛产荔枝，今年大丰收。这个事情看起来是好事，但是学过经济学的朋友都知道“谷贱伤农”这个规律。就是因为大丰收，荔枝价格从往年的 5 块钱一斤变成了今年的 5 毛钱一斤，几乎不

图 5－18　只剩下三户人家的自然村

能弥补采摘和销售的人工费。最后很多农户只能花钱请人处理掉过多的荔枝。

从事农业生产的投入与产出不成正比，是农民放弃从事农业劳动的一个重要因素。正如一位农民所说，种田一年不如打工两个月。这也使得大多数农村的年轻人选择外出打工，导致了农村空心化和人口老龄化现状。

农村，我心中最想念的地方，如今，却失去了原来的样子，那唯美的场景在我心中越来越模糊，变成一道道的农殇。今年暑假热门的电影《我不是药神》里面有一句很戳心的台词："世界上只有一种病，那就是穷病。"这一个个的农村问题，不管是医疗问题也好，还是农村"三化"问题也罢，终究离不开一个根本性的解决方案——脱贫。

农村贫困人口脱贫是全面建成小康社会面临的最艰巨的任务，同时也是党和国家十分关心和重视的问题。十八大以来，特别是十九大胜利召开后，全国范

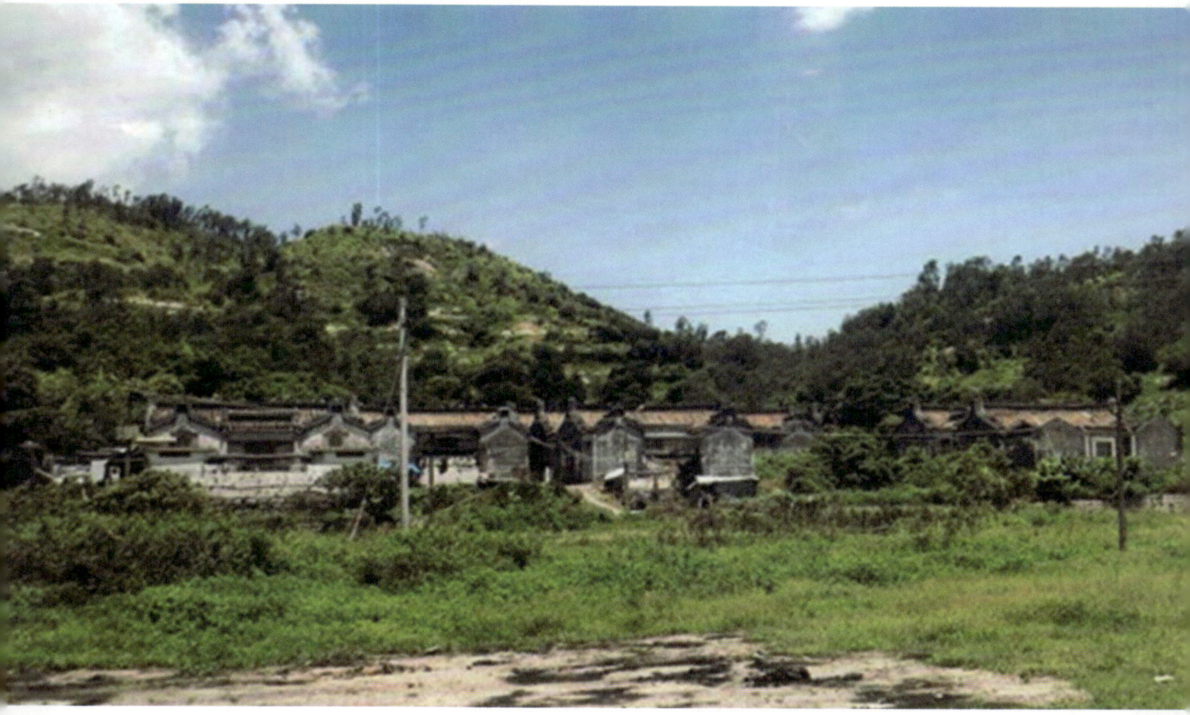

图 5－19　群山环抱的美丽小村

围内有计划有组织开展的一系列大规模的农村开发性扶贫计划，比如一村一品、光伏扶贫、电商扶贫等，都取得了巨大成就。在访问过程中，我们也切切实实感受到了基层村干部的实干性，在谈话中也感受到了国家实行脱贫战略的决心和村民对自身脱贫的信心，精准扶贫政策更给贫困户带来了未来生活的希望。

我相信未来，而且是在不远的未来，农殇不再是农殇，而唯美将是永远的唯美。

晴朗人间

（2018 广东千村调查项目揭阳揭东队访问员　杨雪儿）

启程时，几乎可以说我们每个人的心里都或多或少装了些不切实际的幻想。

从繁华的大城市来到稍显落魄和安静的小镇，一路风尘仆仆，落脚的旅馆算是民宿，几乎是即刻，我们便“身不由己”地融入了小镇的氛围里。

怎么形容呢？

从门口望去，不算很宽的大路上扬满了尘埃，人烟少，大货车轰隆作响，畅通无阻，车速很快。这就是一条没有斑马线，没有红绿灯，没有绿化树，没有栏杆的最简朴的大路。

在来的路上，队长曾戏谑地讲，在揭阳乘车时，有个司机洋洋得意地对他说：“只有在这里，我才敢这样开车（车速快得惊人）。”

某种意义上，我们都只是回到故里。

一个队伍，其实都是揭阳人，有榕城区的，有普宁市的，也有家就在目的地附近的。这里的环境，说陌生也说不上，适应其实很容易，在广州短暂经历的一切可以说遗忘得很快。真正到达后，油然而生的是对家乡的熟悉感。

开始总是艰难的。

进村委会办公室之前，每一个人都很紧张。

在和村干部简单又略显仓促的交谈后，工作有了初步进展。村干部的理解和配合，减轻了我们心中的忐忑，访问终于顺理成章地开始了。

“慌张”大概是第一天工作的唯一形容词。

山浮村（化名）无疑是贫穷的。但是很神奇的是，在访问过的几个村落里，这儿的村民生活看起来最不好，一些基础设施却似乎胜于其他村，村委会有空调、有监控，尽管房屋简陋得没有经过任何装修。

村干部的理解与配合并不只是停留在言语上，更多体现在行动上。比如打电话联系被访者，默默提供访问房间、午休地方之类的，甚至后来他们也会打着伞，大汗淋漓地陪着我们在大太阳底下一家家地访问。

烈日炎炎下，一行人穿行在村里空荡荡的羊肠小道中。受到外来人惊扰而纷纷从敞开的大门探出头来的老人们，眼里不自觉地充满了警惕与好奇，他们脸上深深的皱纹和破旧的房屋一样雕刻满时间的痕迹。无论在拥挤而孤独的都市，还是在看起来寂寞又潦倒、被遗忘在岁月里的小村庄，衰老总是世界最真实亦是最原始的面目之一。

也许曾经我们是过路人，如今我们是正视者。人间百态种种，不靠近，不聆听，便永远无法对纷繁世事感同身受。感同身受时，要怎样阻止内心一边疼痛，一边结痂直至麻木呢？

那是一个赤着上身进来的男子，裤子膝盖处巨大的破洞似乎从来不曾想过缝补。村干部笑说，你怎么这样就来了。从初看见时的讶然，到看着男人入座后双手端正放在膝前宛若小学生的坐姿，一双清澈的眼中满是惶恐和紧张，我们心中五味杂陈不知如何开口。

拍照时男人嗫嚅着开口，说我是个傻子，怕拍照玷污了你们的身份。村干部和他很熟，笑着翻译他因惶恐而含糊的字句。他幼时遭遇车祸，影响了脑子，没有办法工作维持生计，和家里老母亲相依为命，平时到处给人帮些小忙，做些小工，恭敬地称呼那些人老板。临走时我们给了五十元误工费，他感激地向访问员道谢，憨厚而恭敬地说，谢谢老板。

这一句道谢，我们该如何回应？

那是一个带着孙女前来的阿姨。模样远称不上老，心态却早在儿女多年离家的孤独中衰败。她说，我们这些老的、留在家里的已经没用了。她其实是乐观的人，说话时会笑，笑声爽朗，却在谈及儿女时眼眶顿时充满热泪。她悄悄地把眼泪抹掉，那些思念和寂寞仿佛从来不曾存在，可内心的疼痛并不会随着眼泪蒸发而消失殆尽。日日月月积累的孤独与哀痛最易刺伤人心，千疮百孔只流淌出只言片语。我们安慰着她，内心也酸楚不已。访问因临近中午而中断，下午来时，阿姨带着一袋子自家种的龙眼送给我们。而剩下的访问只当是与我们的一场谈天说地，大抵是“移情”，想起了并不在身边的儿女，聊以慰藉。

我们也遇见过态度恶劣、蛮不讲理的阿叔。至少初印象是如此，访问时阿叔万分抗拒，强调自己的忙碌，不愿接受访问以免耽误时间。但村干部第二天还是把阿叔叫来访问。他进来便气势汹汹地朝人骂骂咧咧，村干部并不示弱，大声与他讲道理。访问进行得很艰难，每个人，无论是被访者抑或是访问员，面色都算不上好。就连拍照的环节，他也是仅有的一个背对着镜头的被访者。

但是随着访问的逐步进行，气氛逐渐缓解。阿叔逐渐了解了我们的身份与目的，知道了我们也同样来自农村。知道我们毫无恶意后，他开始坦率地与我们谈论他的情况与见解，有些想法不可谓不明智。最终访问甚至可以说是愉快地结束了。阿叔没有收我们的误工费，即使我们再三解释，他也没有收，坚持认为这钱他不应该拿。阿叔是倔强的人啊，面向生活负隅顽抗，而满身尖刺之下，是一颗纯粹又柔软的心脏。阿叔怀揣着爱与初心，怀揣着对生活的热忱与信念，用尽全力地活着。

其实还有很多很多的故事。丧偶而负债累累的阿姨，独自一人挑起了生活的重担，但每每提及她家的鱼塘仍会湿了眼眶。儿女事业有成，退休后回到村子养老的阿伯，平日里喜爱园艺，亦是村里老人会的会长，在各个方面尽己所能地帮助村里人，面对生活，目光温和而明亮。我们遇见很多人，看见了很多种生活。大概这就是此行我们跨越了万水千山的意义。

结束调查离开前我们去看望一位独居老人，在这么多被访问者中，阿婆是第一个对我们说谢谢我们来关心她的人。我们买了一些实用的东西去探望阿婆，走的时候年迈的阿婆一路送别我们——这一站的结束，有温暖的送别。接下来的路上还有更多的艰辛和委屈，只是不知为何，经历过后只觉不算什么了。

清早我们起来开工，鼓起勇气敲开一户户的门，遭遇众多拒绝后脸皮似乎变成了“铜墙铁壁”，而最后好不容易有一户人家愿意接受访问，却在接近尾声时终究因为不信任而坚决要求删除访问记录。于是一个早上的辛苦都白费了，我们内心的疲惫不可言说。

但是也常会有热情亲切的人，对陌生的面孔愿意给予温暖的笑容，愿意给予体谅和关怀。“记好不记坏”大概也是人的本性之一。通常一天的访问结束后，几个小时之前的沮丧和失落竟已经模糊了，反而会为收到的一丝一毫的关心与体谅雀跃很久很久。失落与欢喜仿佛都变成了平常。

最后到达的地方是一个山村，名副其实的山村。进村的路是一条长且蜿蜒曲折的山道，九曲十八弯也不过如此了。路两旁是山，苍翠葱郁，连绵起伏，一眼望去漫山遍野空旷宁静的绿。那几天常下雨，山里雾气萦绕，有时我站在路边观望四处风景，不由自主地拿起手机拍下来。

村干部笑言这里开门见山，的确如此。虽然是贫困村，但是民风淳朴，村民们的生活还算安宁，温饱不愁，孩子们亦有地方读书上学。

村民的房屋都依山而建，从一户到另一户，走的路也不知道能不能算路，一会上个小坡一会上个小阶梯，哪里都有野草，哪里都会冒出一群悠闲溜达的鸡。

访问还算顺利，我们早出晚归，清晨就在雾气中陪着整个小山村慢慢苏醒，一开始那些过分艰难的设想和担忧变成了由衷的欢喜和不舍。最后一户是在一个很小的自然村，小到凑不齐 15 户人家，村干部努力地想解决办法，村民一听我们的处境，几个热情友善的大妈用方言嚷嚷着帮忙找在村里的住户，最后还真的找到了！感谢之情难以言表！傍晚告别的时候她们站在村口向我们挥手，落日余晖晕染了山头，那一刻心里是那样不舍。我想也许这是今生唯一一次，有幸来到这大山之间，遇见这样一群温暖的人。

人生漫长，只是偶然的交织，谁曾料想是这样美丽的纹路。我们何其有幸，能看见如此晴朗明媚而又温柔的人间。

我为什么来到城市？我为什么来到“千村”？

（2018 广东千村调查项目潮州潮安队访问员　翁芝涵）

完成广东千村调查项目至今已经有半个月左右的时间了，回到家乡与亲朋好友各种相聚、游玩似乎才是暑假正确的打开方式，而千村调查期间诸如住酒店、吃快餐、访问采访、敲门被拒等各种“情节”，仿佛只是做了一场千秋大梦，回想起来也恍若隔世。有时也不禁思考，对于我们广东千村调查的意义是不是仅仅局限于完成所有问卷数量的工作？

回想起访问员招募面试时，面试老师提了一个令我至今记忆深刻的问题。面试老师问：你为什么想要参加千村调查项目？我的回答是：因为爸爸也是农村人，而我从小就生养在城市，是城市户口，农村的血脉仿佛与我无关，也不常回农村老家，所以我想通过这一次调查，知道当下农村发展现状，亲身感受城乡差距，探究如何振兴农村，待将来有机会时，尽自己所能去反哺乡村。听起来是“根正苗红”的答案，可现在仔细想想，止步于完成问卷数量的我们，真的能做到这些吗？

其实，我一直不觉得自己是来自农村的，尽管从爸爸这辈开始追根溯源，我们家祖祖辈辈都是农民。在以父系血源系统为尊的潮汕传统地区，父辈祖辈的根在哪儿，你就是哪儿的人，所以我的根是来自农村的。但实际上，我在城市出生，也在城市长大，户口是随母亲的城市户口。父母说，在 1999 年我刚出生的时候，农村户口在各个方面尽是劣势，比如读幼儿园、读小学，农村孩子根本很难在城市找到一席之位，就算能在城市读书，学费等支出也会比城市孩子多很多；又比如医疗保险，更是不公平之最。但渐渐地，情况好像开始有了一些变化。在中学当教师的叔叔说，现在教师都喜欢去农村学校教书了，因为每个月会获得数额让人心动的补贴；学校里农村户口的学生可以享受减免政策；农村原本廉价而荒凉的土地慢慢被高价出租甚至被收购；各种农家乐、小型观光旅游也开始在农村兴起……在参加千村调查项目之前，我与农村的地理距离还是很远的，我知道的所谓真实的农村也只是存在于道听途说中，我每年回农村老家不到一两次，与农村老家的村民两不相识，甚至格格不入……但在这个暑假里，广东千村调查让我身处其中，看见了真实的乡村。

我所看见的真实的农村，其最首要的问题大概就是农村失地了。无论是地方势力强占土地以至于村民无地可种，抑或是乡村劳动力普遍外出打工……农村土地的荒废，是如今乡村振兴所面临的日益严重的难题。在这个方面，我们比不上美国，美国早已经推广了机械化大规模农业生产和十分成熟的科学化、精细化管理。相比之下，我接触到的，更多是乡村万千亩土地沦为荒草萋萋的荒田。想起大一上学期近代史纲要课后与老师的讨论，老师说如果农村——中国的基本立足之地的问题没有解决好，中国的发展不知要向何处去。我们国人心怀民族荣誉，但从某个层面来说我们其实容易在伟人的光芒下忽略自己的真实境况。我们会夸耀袁隆平的杂交水稻解决了中国的粮食问题，甚至使世界摆脱饥饿难题，但忽略了你我身边的农村土地早已经荒废了好多年……也许是杞人忧天，也许是无稽之谈，但我想，土地问题的重要性以及亟待解决的迫切性，应是后期研究的重点。

我离开农村，是父母为了使我更好地成长而做出的选择。生长在城市的我早已习惯了城市的便利与五光十色，我也就与这土地、乡村渐渐脱离了血缘和历史衍生的羁绊。城市仍然是农村的向往，甚至城市在未来的几十年还会是农村无法到达的远方。我，我们，早已经失去在农村的根与土的人们，失去的是自己历史的注脚，得到的是不知所向的迷茫。但在这个暑假，我们成为千村调查的访问员。因为千村调查，我们得以亲身走进农村各家各户，得以触碰真实的农村，而所获的这一份关注、这一份切肤之痛将会成为我们未来某些选择之下流动的泉涌，无声无息却深入血液，也许，这才是千村调查带给我们的思考与变化。

行万里路，载千村愁

（2018 广东千村调查项目肇庆怀集队访问员　黄念晞）

一、隐形的年轻人

调查开始的第一天早上，我们顺利到达要进行访问的小镇时，刚好赶上当地的集市。从一大早开始，镇上的商贩就开始忙活不停，赶集市的人们渐渐多起来，小小的街道很是热闹。骑着单车的大爷，拄着拐杖的阿婆，围在药贩摊子旁的大妈，以及跟着奶奶买菜的孩子，往来的人影中唯独看不到青壮年的身影，仿佛他们隐身（消失）在了这热闹的人群中。与之相对应的是，在我们入村走访时，总会遇到某些房子大门紧闭无人应答的状况，“有点能力的基本都出去了”，某村支书对我们说。

随着当地城镇化的发展、城乡发展差距拉大，部分村民为了更好的生活条件选择背井离乡，定居于外地。人们奔往城市使得农村人口越来越少，农村的空心化加重。与离开的人们相比，留守农村的往往是老人、病残者、儿童等更为弱势的群体，这种由于贫弱人群的空间聚集产生的各类问题使得乡村振兴负荷沉重。

二、停办的村内小学

在某次入户访问途中，我们在杂草丛生的路旁的一面墙上发现了一张告示书，与花花绿绿的各种广告纸相比，带着官方印章的红色纸张尤为显眼，告示书上的大概内容是由于学生人数不足，当地村委协商上级部门决定停办村内小学。

图 5－20　学校停办通知

在调查访问中，我们了解到部分村民外出打工、在外定居会携带子女一同外出，这在一定程度上减少了农村的学龄人口。除此之外，在交通便利的地方，村民们往往会选择将孩子送到教育设施更为完备、教育资源更为丰富的镇中心小学就读，这是村内小规模学校生源流失的主要原因之一。而在交通更为闭塞、教育资源更为不足的农村中，日渐凋零的村内学校仍是农村孩子接受教育的第一选择，目前学生的流失使得学校投资减少、教育质量下降，到头来最需要通过教育实现质变的农村、农民，还是被困囿于低质量的教育处境中。

三、农村养老之忧

在集市的街道上我们看到许多佝偻着身躯步履缓慢的老人，他们身上挂着旧布袋子，或是去药店拿药，或是到小摊上买菜种。我们调查时发现这些老人的子女大都是外出打工，他们无须再照料孙辈，所以往往留守空宅独自居住。

他们有的完全倚仗政府低保养老等救济补助生活，有些则靠子女不定期寄回的少许生活费，有些甚至还需自己下地务农以自养。农村子女外出打工，一年最多回家两三次，这使得老人没法得到经济支持和精神慰藉。而且大部分农村老人自身积蓄微薄，而国家的养老机制、补助不尽完善，“养儿防老”虽并非完全奏效，但其仍是农村中大部分人坚持的观念。而在我们走访调查的农村中，许多人对养老的概念通常只是“让老人有吃、有穿、有住就行了”，能得到精神关注或者享受儿孙绕膝的天伦之乐的老人更是少之又少。

图 5－21　访问员协助老人填写问卷

四、产业何处落身

产业是地方经济发展的动力，在同样的文化环境下，有无产业、产业发展的好坏都使得不同村子之间呈现出很大的差异。在我们访问的好几个村落中，有的村落地多人少，但由于人口的流失，家庭劳动力不足，许多农户即便家里有好几亩地，农作物收入也很低，很多土地因此无人打理；而在一些交通便利或城镇化推及到的农村，村民们往往把地租赁承包给他人，又或是土地被征收。而这些失去实质身份的农民也面临“失地”就业问题，由于本地没有合适的就业岗位，他们往往选择到外地务工。这些无产业的农村似乎出现了有地留不住人、无地也留不住人的尴尬境况。

李主任是某镇农办的工作人员，大学毕业后他去深圳当过白领，也尝试过自己创业。某镇的一些村子在发展蔬果种植业，在一次集市上他看到成群的农民担着自家滞销的水果贱卖却无人问津，守在扁担边的农民愁苦焦灼的模样触动了他的心，于是他决定回到家乡发挥自己的专业所长。刚回来那阵，李主任常常骑摩托车奔走于村间地头，他原本以为农民的生产技术不够，但出乎意料的是农民对如何种植农产品有完备的经验知识，但很多年轻人宁愿到外地打工也不愿在家种地摘果。

如何帮助农民销售农产品使农民的付出真正获利？如何引入工厂形成产业链留住更多的年轻人？“用产业带动农村振兴”是李主任现在的思考所在——“这里是我的家乡，我希望它好”。

著名作家贾平凹说过“故乡对我们的影响，就像乌鸡的乌，那是乌到了骨头里”，对于大多数从田间地头走出的人而言，农村故土藏于心头却又遥远于身，农村的忧愁与困境同样牵扯着他们的目光，而关注即有可能意味着改变，于千村调查如是，于国家乡村振兴计划更是。

拨开云雾见月明

（2018 广东千村调查项目清远佛冈队访问员　梁舒婷）

最终我离开了 1 个县、4 个行政村、8 个自然村、120 户村民。这段经历让我第一次那么深刻而真实地感受到何谓成长，以及几年前那种有温度的而不是言之凿凿，实则冷淡的乡村情怀。我 24 岁，研究生在读，忧于时间飞逝，所以选择做什么事都在盘算着该得到什么，总是苛求着某件事可显的意义，逃不了别人口中所言的浮躁的一代。

我想象着我会去到一个乡村旅游地，邂逅我未来毕业论文的案例；我想象着我会碰到一群志同道合的研究生伙伴，谈天论地思想激荡；我想象着我会改掉之前田野调查时面对村户时的扭捏。然而，初期我确实挣扎着前进。如果我像其他队员一样处于大一、大二，拥有那股对新鲜事物探索的冲劲，那么我也会同样热情。并且当我把自己不幸定位为获取与我研究方向不甚相关的数据的工具时，所有信仰、所有憧憬轰然崩塌。实不相瞒，我甚至还是一个“生活白痴”，领导力尚缺失，也从来不是自来熟，还是被照顾了二十几年的“老公主”，队长的角色让我负重前行，一方面急得事事亲力亲为，另一方面又因亲力亲为而心存不甘。

不过，调查中期渐渐拨开云雾见月明。不是因为我找到了什么研究意义，而是因为很多瞬间让我不再苛求意义。和老奶奶合照时，她急忙挽起鬓角碎发的可爱模样；和小朋友玩耍时，他们的双眸如此熠熠生辉；书记驾摩托车打着灯跟在我们三轮车后面，照亮我们回酒店的路。你能想象那种感动吗？我开始和队友有了很多默契，建立起革命友谊，开始能够把与乡村干部联系、酒店交通安排、村户访谈平板记录等所有工作有条不紊地落实。同时我也在反思，我不是要让别人给我意义，而是我面对他们所说的我听了多少，而是面对村里的情况我又能做什么，在问卷开始前从我口中说出的承诺，真的会实现吗？

最后，其实是值得并且释然。果然每一件事开始时的艰难，都会变成完成后的释然。原来几乎不同时代的人聚在一起，也能如此开怀。就像每一次终点也是起点，我又从这里的已完成到很多事的未完成。加油，努力！

图 5－22　队员合照

千村路上，朝花夕拾

（2018 广东千村调查项目肇庆怀集队）

回顾这段时光，让我感受最深的就是教育，教育脱贫真的很重要，因为受了教育，人的格局才不会那么小，才不会让一个刚刚读完初中的孩子去打工或者去结婚生子，然后代际转移陷入一个恶性循环。早结婚，结不起婚，少读书（年少辍学），好像是目前中国农村的普遍现象。但令人欣慰的是，我们也遇到过重视教育的家长。印象最深的是访谈过程中一个大叔跟我的谈话，他说他们两夫妻宁愿少赚点钱，也要留一个人在家看着自己的小孩，让他们好好读书。因为读书是农村小孩最好的出路，读出来至少不会像父辈现在这样只能务农或者从事较低端的体力劳动，勉强维持生计。最令人感动的是大叔发现自己的孩子跟外教关系好的时候，还会提醒自己的孩子千万要注意言辞，不要透露自己国家任何的秘密。

“世界上只有一种病，那就是穷病。”在我们走访的村子里，“穷”与“病”就像一对难兄难弟。走访入户，发现贫穷的家庭里大多有疾病的影子，或中风，或小儿麻痹，或痛风。其中一位退休的老爷爷，他一个月领1 500元的退休金，但是他本人每个月要吃400元的药，他的太太中风了，每个月要吃900元的药，这样他们家一个月在买药上就要花掉1 300元，剩下200元维持一家三口一个月的开销。穷不可怕，病也不可怕，但是如果贫穷的家庭里有人生病了，那是真的很可怕。历史遗忘了农村，但是疾病并没有，希望真的有一天，病痛和贫穷不再是农村的标签。

从一开始到任务结束，每次做问卷我都时不时地想到自己的家乡。相比较起来就会发觉一个乡村若是有特色的产品，这个乡村的空心化问题、留守问题就不会很严重，村民的收入也相对稳定。而看到一些很困难的家庭时，我就会十分希望当地的基层干部能够尽快找到并发展起一个特色产品，同时还希望基层干部能够提高对当地教育的重视程度，这样才能使村民不再满足于眼前的狭隘，才能够长久地使他们脱贫。

在和最后一个镇的基层干部接触的时候，又进一步认识到要发展一个特色产品没那么容易，因为除了村民的配合，基层干部还要找到相配套的产业链（产业配置）。扶贫脱贫是任重而道远的，而基层干部想为村民“干出一番事业”的真心也感动了我们。尽管前途困难重重，但我相信有真心为村民的基层干部，当地一定会实现脱贫目标，村民也会过上幸福安康的日子。

图 5－23　乡村一角

VI

记录乡村的真实

——项目组成员有感

千村曲终，余音缭绕

（暨南大学社会调查中心副主任　张晓）

你我来自湖北四川广西宁夏河南山东贵州云南的小镇乡村，曾经发誓要做了不起的人。

——S. H. E.《你曾是少年》

参加广东千村调查队伍返程交接的时候，我曾经帮忙访问他们。我还记得有个说话声情并茂的男生在访谈最后认真地说了一句："在出发之前，我以为我可以做很多事，现在我觉得，我能做一点点事就好。"没经历过的人也许以为，这个项目给他迎头泼了一大盆冷水，浇熄了他的豪情壮志，但经历过的人会明白，这是"看清生活的真相后依然热爱它"的勇气。

我来自东部沿海的小镇，第一次参加类似的活动已经是十几年前的事情了。那会儿才刚公布奥运志愿者名单，那会儿还不曾预想一年之后我们这群志愿者中的大部分人从事的不过是检票、引导、打杂的工作，那会儿的我们还以为自己是改革春风，吹到西部农村就能改变一切。就这样，我们去了青海一个连名字都很难念的村子，在那里一边支教，一边做调研。那个放眼都是一望无际的蓝天、白云、青草、牦牛和油菜花的地方让我第一次意识到，改变，不是我们几个大学生说说就能实现的。

时隔十多年，我依然记得当初我们住的地方和吃的饭菜。村里没有宾馆，我们是分散住在村民家里的，三人一组，挤一铺炕。即使是盛夏，高原的夜晚仍然寒气逼人，我们三人只有两床被子，每天都是和衣而眠。每天早上只有半盆水，供三个人洗漱。晚上最怕上厕所，因为要小心翼翼躲过狗，再爬到猪圈上方。是村民对我们不好吗？他们对我们简直太好了，每天早上虽然只有半盆水，但怕我们受不了高原的严寒，水都是热水；虽然每天在家吃的只有早餐一顿，但每天的早餐都像是为我们准备了一天的盛宴：怕我们嚼不动而切得小小块的馕，用家里仅存的青菜煮的面片。他们甚至拒绝接受我们的 200 元，哪怕我们已经在他们家里打扰了一个多星期，我们甚至担心再住下去会耗掉他们半年的物资。

说我们分散居住，是因为住得最近的两家也相距将近十分钟脚程，而且距离当地的小学都相当远，中午爬山回去是不可能的。所以对于孩子们来说，最开心的大概是中午可以把我们分别拉到自己家里，请我们吃一顿饭。我的第一顿午饭是在一个小姑娘家里吃的，那会儿还没有太多关于“留守儿童”的概念，但现在想来，那个小姑娘真的是非常坚强。她拉着我一路奔回家中，拿出一早准备好的菜，认真地切菜、炒菜，其间让我先吃着馕，还得意地炫耀灶台边这些一人高的馕都是她特地为我们做的，很新鲜。我至今仍记得她当时高原红的脸蛋在简陋的厨房里闪耀着光，就像在课堂上看到我们展示的各种关于地球和海洋的照片时一样。当时陪着她聊了什么，现在已经记不得了。但印象中，接受过我们访问的诸多家户中，几乎百分之百的家长都希望自己的孩子将来能有机会进城里，无论是打工还是读书。

在当时，凭我们的能力，要改变他们的命运简直是天方夜谭。当然，现在的我们可以做得更多，也有责任做得更多，我们中的很多人也正在身体力行着。但当时的我们，能够让他们看到外面的世界，萌生出想要出去探索更广阔的天地这样的念头，我想已经是我们能做到的最好的事情了。这就像广东千村调查的访问员一样，收集一份数据、倾听一个声音、关注一种现象，已经是尽到自己的绵薄之力了。

调查的意义之一在于，让我们学会不带偏见地去记录他们的真实。

与我当年不同的是，我当初是边支教边调研，广东千村调查则是一个正正经经的纯学术调查项目，这要求访问员在整个过程中必须要克制自己的感情，才能获得真实的数据。这也要求整个项目需要有完整的团队支撑其运作、保障其质量。作为一名旁观者和记录者，我见证了整个团队的严谨较真、以苦为乐和激情燃烧。

这是一支默默打前线的队伍。所谓“兵马未动、粮草先行”，在访问员出发前，各地的联络工作基本已经完成，为的是保障学生的安全，也为的是保障项目的进度。访问员在执行期间体验过的“三脚鸡”（三轮车），督导已经提前体验过了；访问员坐船出海上岛，督导已经踩过点了；甚至访问员体验到的方言障碍，督导也已经感同身受过了。

这是一支 7 × 24 小时响应的队伍。访问员在一线提出的任何问题，都能够在群里获得及时解答；访问员在访问过程中遭遇的任何困难，后方的督导都时刻准备好远程提供协助；甚至于访问员在朋友圈里有点泄气，都会有督导第一时间的问候。“我知道”并不是嘴上说的、想象中的“知道”，而是真切地体验过，所以才能及时响应，快速解决。

这是一支不怕问题的队伍。技术部主管曾戏称“所有的 bug 都是故意预留的挑战”，的确，IT 小哥们不善言辞、不苟言笑，但与之相应的是他们不依不饶地接受每一个挑战，不声不响地加班加点消灭每一个 bug。为了更好地了解问题、解决问题，平时惜字如金的他们可以在电话里跟前线访问员沟通许久。电访开始时，整间房间里回荡着的此起彼伏的访问声，是对他们工作最好的嘉奖。

这是一支甘于寂寞的队伍。对某些人而言，最大的遗憾是项目进展太快，以至于还没来得及巡视完所有队伍，访问员已经要返程了。但落寞只是一瞬间，下一秒，又会变成认真脸开始核查录音、检查数据的有效性。对某些人而言，最开心的是每天都可以看到不同队伍的报道，从文字和图片中感受来自粤东、粤西、粤北和珠三角等不同地方的风情，倾听不同的故事，再与自己从数据中解读出的内容做对照。没有上头条？又有谁在乎呢！

这是一支激情燃烧的队伍。看到“金主爸爸”引用陈奕迅的《陀飞轮》来形容自己的工作，“曾付出，几多心跳，来换取一堆堆的发票”，哑然失笑；看到质控组形容自己的工作是“核查风云”，不禁赞叹；看到访问员的照片被自己的督导恶搞成表情包，全场捧腹。你问项目艰苦吗？当然艰苦，每一分钟都充斥着解决不完的问题。但你问值得吗？我想每个人都会给出肯定的回答。正是因为这些艰苦，每个段子才那么令人开怀。

要列举下去的话，还有很多的形容词，他们年轻，他们张扬，他们会一边讨论鸡公煲一边计划健身；他们会彼此争吵、互相嫌弃，却又默默为加班的伙伴递上一块饼干；他们在暗暗较着劲儿看谁的孩子更省心，又团结一致地迎击每一个困难……正是这样一支队伍的存在，才让这个项目有筋骨、有血肉，才让访问员有冲劲、无后顾之忧。

“说再见，再见不会太遥远。”

在写这篇文字的时候，项目表彰大会刚刚结束，研究组的第一次结果汇报也刚刚结束，距离执行结束、队伍返程已经过去一个月时间，距离习总书记在十九大报告中提出“乡村振兴战略”过去不到一年时间。访问员们已经各自奔天涯、返校上课了，项目组成员们也已经投身到新的项目中。千村调查已经告一段落了，剩下宣传人员仍在整理项目进行过程中遗留下的串串珠玉，为所有亲历项目的人留下永久的记忆。

时间飞逝，而往事历历在目。相信即使没有这本书，在这个夏天所有活跃在南粤大地的“小黄人”们，也将像我一样，在若干年后回忆起这段经历，依然记得那群送他们出村的狗、那位精心梳妆在相机前展现笑颜的奶奶、那些不同品牌不同口味的八宝粥、那趟等了很久仍未等到的船，甚至能回忆起一道道在睡梦间仍在追问的题目、一张张票据和督导的一句句叮咛……

访问员返程的时候，多数会被我们问“明年还会参加这个项目吗?”，有些人会肯定地回答“会!”，有些人会笑着说“自己要上大三、大四啦，但会推荐给师弟师妹们”，还有些人表示“想要参加其他的项目”……无论如何，让我们明年再见吧！期待看到更多的人加入到我们队伍中来，期待更多的力量汇聚成河，期待数据能够发挥出真实的力量，期待乡村的未来因我们而不同!

忆来何事最隽永，与君携手访千村

（2018 广东千村调查项目执行负责人　花芯）

“凝聚青年力量，探访广东民情，助力乡村振兴。”距离广东千村调查项目结束已经一个月了，但这句口号还时时在我的脑海中回荡。在项目表彰大会上，当从各高校赶来开会的访问员、核查员再次喊出这句口号时，千村调查项目从筹备到收尾的细微琐碎回忆像走马灯一样一帧帧铺展。我想捕捉下那一帧帧精美的给我留下深刻烙印的画面，讲给你听。

电脑桌面上有一个叫“千村调查问卷整合”的文件夹，里面整齐地排列着两个页面都放不下的历次千村调查问卷修改记录，随着文件后缀日期的一天天更新，我们的问卷也一日日成型。问卷修改是一个既烦琐又有意思，既令人崩溃又欣喜的过程。将研究组提供的问题汇总整理，和研究组老师一起前往实地预调查，针对问卷问题进行激烈的讨论，一次次不分日夜、随时随地地修改问卷。我记得正在怀孕的何老师在家熬夜改问卷还劝我们快点休息；被大雨困住在高铁站修改问卷的肖老师；端午在外旅游，晚上回去改问卷的蔺老师；去北京出差，在飞机上和宾馆里深夜修改问卷的我……还有对待研究非常认真严谨的研究组老师们，以及不断根据问卷修改情况修改代码的 IT 人员。那段接近两个月修改问卷的日子很难熬，但现在我能想起来的就只有这些画面了。那段经历留给我的是同事间配合默契和同甘共苦的情谊、对农村问题和国家政策的再学习、逻辑思维和认真耐心的再锻炼、“纸上得来终觉浅，绝知此事要躬行”的再感悟。

“行李都在书包装着，今天要是还联络不通我就马上买票去当地。”这句看似开玩笑的话却是千村调查联络期片区督导们最真实的生活写照。为了做好末端抽样和保证实地执行时的通畅安全，前期联络那段时间办公室里满是此起彼伏的电话沟通声；微信群里实地探路发回的农村各种路况和交通工具照片；

根据了解的实地情况与财务情况讨论着学生实地执行可能会遇到的衣食住行的各种困难，想好相应的解决方案；每日更新的联络进度表是我们那段日子生活的全部。幸好，广东千村调查项目的研究主题是全社会都密切关注的，调查内容是大家都认同的，我们的联络工作在社会各界的广泛关注、支持下，在经历前期的缓慢而紧张后，渐入佳境，最终在实地调查开始前完成了所有联络工作，保证了项目实地执行的顺利开展。

图 6－1　项目执行负责人花芯（左四）和访问员们合影

“2018 广东千村调查”这句话的粤语版、潮州话版、雷州话版、客家话版……在我的耳边一个个轮番播放。项目培训的间隙，拍摄 25 支调查队伍 C 位出道的照片和视频成了同学们释放天性的好东西。说实话，开班仪式当天见到了在线上或线下面试招募来的近两百名来自五湖四海的青年大学生访问员和志愿者时，我的心情非常激动。在炎热的暑假，他们放弃在家吹空调吃西瓜看剧的安逸生活，参加大型社会调查项目和我们一起“踏广东山川、循南粤炊烟、访民情动态、谈大好河山”的家国情怀令人感动不已。与同学们相处沟通中，我了解到有的同学因为从小在农村长大，得知项目是关于农村调查，对于农村发展振兴有助益，非常想为家乡发展贡献自己的力量于是报名参加了。有的同学从小在城市长大对农村不够了解，但是在学习生活中非常关注国情民生，广东千村调查项目是他们深入体验农村生活、了解当今农村现状的一个好途径，于是报名参加了。有的同学苦于毕业论文没有好的选题和材料，在看到项目介绍后觉得广东千村调查能为自己的研究带来灵感，于是报名参加了。有的同学想丰富暑假生活，锻炼自己，体验与志同道合的同龄人一起做调查的乐趣，于是报名参加了。不管是出于什么目的，各位同学都对广东千村调查充满了美好期待，都希望将千村调查的小红旗插遍粤东西北、珠三角，项目组也常常以此内部激励，一定要做好各项工作，保证项目的顺利开展。

终于到了实地调查的画面了，这页的内容极其丰富。实地访问热火朝天地进行着，质控组核查着访问员回传的资料日日出核查日报，数据组分析着一条条数据天天出进度报表，整个项目高效严谨地进行着，我在电脑前看到各项工作开展得好生热闹。还记得同学们出发那天原本在下雨，但出发仪式结束后天放晴了，当时我就觉得真是个好的开始。咕噜咕噜的行李箱滚动声伴着同学们的嬉笑声渐渐消失在校园里，去到了不同的调查目的地。实地调查的前两天，几乎不到一分钟，访问员群里就会刷出近百条消息，有关于问卷的问题，有关于 App 操作的问题，有关于拒访的问题，有关于实地突发情况的问题。我们对同学们提出的问题一一解答，为他们能够发现问题、思考问题感到高兴，也为今后项目执行的优化积累经验。过了前两天的问题集中期，同学们的实地调查也渐入佳境，各队在群里拼起了美食、美景、动物、自制表情包和遇到的暖心村干部及村民。这段时间同学们体验了步行十几公里从村里回镇上的长途跋涉，却也欣赏了“落霞与孤鹜齐飞，秋水共长天一色”的美丽风光；经历了“比屋皆闭户，找不到被访户”的尴尬，却也因遇到了好心村干部和村民而“柳暗花明又一村”；经历了农忙时节户户无人的焦虑，却感受了来到田地找到被访者，在“手把青秧插满田，低头便见水中天”的环境中做访问的自如。同学们给项目组发回了很多实地调查的感言、手记，其中有一位同学写了一篇名为“我愿成为一座桥”的调查手记，其中深刻的思考和真情的流露感动了许多人。在那段调查时光里，我也确认了同学们经过大半个月的调查，实现了出发前所愿“阅尽千户，归来仍是少年”。

项目表彰大会是在实地调查结束后一个月进行的，那时已经开学了，很多在外地高校就读的同学们虽然无法到现场参加表彰大会，但是在微信群里表现出了极大热情，省内的同学如果时间不冲突基本上都来到了现场。旁人不知道的是，在表彰大会临开始前5分钟的时候会场人还不多，我还暗暗捏了把汗，心想今天这表彰大会该不是要冷场了吧。但是时间快到了的时候，会场一下子拥挤了起来，我真是异常激动，千村人不管什么时候都是支持千村调查项目的。跟随着项目视频剪辑和同学们一起回顾项目经过，虽然那个视频我已经看了很多遍，但这次重看又不禁感慨万分。我还观察了在场的同学们，当视频里那句“我们就这样，各自奔天涯”唱出时有人眼里闪烁着泪花。我想这表彰大会表彰的不仅仅是同学们的努力认真工作、团队的合作默契，同学们收获的也不仅仅是一个称号、一份奖金，更是这段经历和那些花儿一样的朋友。

回到那句“凝聚青年力量，探访广东民情，助力乡村振兴”，如果现在让千村人再说出这句话，我想大家一定可以自豪地说：“这句话已经不单单是一句口号了，因为我们真的做到了。”凝聚五湖四海青年人之力，踏山川、循炊烟、访民情、谈河山、建友谊、提逆商，为农村问题研究收集第一手资料，我们是专业的。

“竹杖芒鞋轻胜马，谁怕？一蓑烟雨任平生。”2018年的广东千村调查画面已经定格，但是我们的脚步没有停歇。来年，我们再见！

一个最有希望的美好时代

（2018 广东千村调查项目督导　肖和）

一、有束光

“凝聚青年力量，探访广东民情，助力乡村振兴”这句响亮的口号伴随千村调查项目的筹备、开展和收尾。人们做事习惯刨根问底，追求意义，做一件事情时总喜欢考究“有什么用，有什么意义”。

在实地访问中，经常会听到被访者询问访问员“你们问这些有什么用?”“项目无用论”和“调查无用论”常常成为压倒访问员的一根重要稻草。但是我觉得，关注便是一种力量，关注是将一个问题引入人们视野的第一步，广东千村调查项目就像聚光灯，引导大家把目光投射在中国农村上。而了解问题则是解决问题的第二步，1930 年 5 月，毛主席为了反对当时红军中存在的教条主义思想，专门写了《反对本本主义》一文，提出“没有调查，就没有发言权”的著名论断。调查研究是谋事之基、成事之道。

我认为，当中国农村的发展成为这个社会大学生共同关注的问题时，我们就是生在了一个有希望的美好时代。记得千村调查项目有位访问员在交接相关事宜后接受采访时说道：“以前，我希望自己可以做很多很多有意义的事情，但参加广东千村调查项目后，认识到农村的真实情况，现在我觉得自己只要能够做好一件小事，而这件小事是有意义的，能够对现实情况的改善有所帮助的，就可以了。”我为访问员们“先天下之忧而忧，后天下之乐而乐”的情怀而感到欣慰。

在千村调查项目的筹备阶段，作为片区督导的我，从开展潮汕片区的联络工作入手，与市、区、县、乡镇和村级的干部联系，提前了解调研的目标行政村的基本情况。开展这项工作期间，我一度很感动，各级干部总能及时回复我的问题，于此之中，我切实感受到了他们高效的工作效率和积极配合；当看到村干部在繁忙的工作中，仍然抽空亲手填写行政村和自然村的基本信息，并盖章后发送给我时，我仿佛看到了一束光，看到了乡村振兴的希望。我与某村村干部在沟通时，曾经感慨“中国农村有你们这么优秀的基层干部队伍，我觉得，中国农村的发展大有希望”。

二、有想象力

参加广东千村调查项目，是一个充满勇气的选择。所有身在其中的访问员，无论最后是否获得奖励，仅仅是在实地调查的过程中互相扶持、如期完成调查就是勇敢、有担当的体现。

访问员队伍在出发之前，我送给他们两段话，其中第一段是演员陶虹在接受凤凰网公益访问时，记者问她做公益时常常把小宝（陶虹的女儿）带过去，是出于什么样的想法。陶虹回答道：“人家说女孩要富养，在我看来富养就是见多识广。不是说只有到了美国、迪拜才叫见多识广。其实世界上各种各样的人、各种各样的生活形态你都看到了，你的想象力其实就会更加宽广。那我觉得你不光要看到好的一面，也要看到可能困难的那一面，或者贫穷的那一面。所以我更愿意带她见识各种各样的人群。”

我一直觉得，一个人对世界认知的广度和深度，对其生活、学习和工作至关重要。访问员们大多都是学生，可以说是一直生活在自己熟悉的舒适区，对于世界的多种可能性，对于人生的多种活法，对于中国的真实情况，他们实际的认知都是有限的。因此，广东千村调查，实际上是为访问员们提供了体验不同的人生，看看别的地方是什么样的宝贵机会。

大家不应该只是坐在课室中思考中国发展的问题，而应该走出去，到广阔的天空、广袤的土地和美丽、真实的乡村中去，用自己的双脚去认识中国的土地，用自己的双耳去倾听农民的心声。想象力的宽广和丰富程度，决定了大家能否提出这个社会关切的问题。

三、有挫折

赠予访问员的第二段话是“很多人总是教你如何成功，却很少有人教你如何面对失败。能够淡然面对失败的人不容易患得患失，遇到困难总能出奇制胜”。我们从小接受的教育就告诉我们，只能成功，不可以失败，失败是可耻的。小时候，老师和家长在教育孩子的时候，都用上了各种道理，教孩子怎样才叫成功。现在很多流行的成功学书籍，都在教人们获得成功的方法。每一个人都是在朝成功前进。可是老师和家长却很少教孩子们，在面对失败的时候，应该怎么办。所以很多孩子在遇到失败时，往往不知所措，无法承受失败带来的痛苦。然而人生不如意十之八九，学会面对失败比追求成功更重要。

图6－2　项目督导肖和（左二）和访问员们边走边商量

访问员们在敲开被访者的家门时，时常会遭到拒绝，有时甚至会遭到被访者的“恶言相向”。“被拒访到怀疑人生”是访问员们对自己低落心情的真实写照。但是，被拒访之后，如何调整自己的心态，如何想方设法取得被访者的信任，如何使出浑身解数说服被访者接受访问，这些才是访问员们面对挫折时最大的收获。

挫折商应该是大家未来的核心竞争力之一，看一个人的成功，并不是看他在巅峰时刻的表现，而是看他跌入谷底时的反弹能力。所以在千村调查项目实地执行期间，我一直鼓励访问员们，不要放大困难，不要让自己被挫折和负面情绪吞噬，而是要保持不懈的斗志，思考如何解决问题。

四、有成长

参加千村调查项目，对每一位访问员来说都是一次自我成长的机会。只是对于不同的访问员，自我成长的方面和程度各不相同。入户访问的社会调研，也许丰富了访问员对中国农村情况的认识，也许增强了访问员沟通交流的能力，也许提高了访问员的挫折商，也许让他们收获了友谊与羁绊……每一次尝试都是生命勇敢的展现，每一段经历都是值得珍藏的记忆。

短短 20 天的调研，我看到了每位访问员的进步与成长，看到每支队伍自主解决问题，自己制定路线，安排入村的先后顺序；自己订车票、订酒店；自己与村干部沟通，说明到达的时间和具体工作；自己与被访者沟通，说明来意，说服他们接受访问；自己询问被访者，独立完成访问和数据收集……这些使他们认识了世界，也意识到了“自己”：意识到自己可以有另一方面的成长，不仅仅局限于知识的增长；意识到自己离开避风港之后，可以靠自己做好自己想做的事情；意识到世界的多样性，而不仅仅只是关注朋友圈和微博的流量新闻……我衷心希望千村调查项目的访问员们在这个盛夏的收获可以在之后的日子中沉淀，继而转化为他们在之后的人生中成就芳华的营养。

在千村调查项目结束之后，项目组对各位访问员在暑假期间的辛勤劳动做了一个评定，获奖者欢欣，而未获奖者也无须失落，这个小小的奖励只是一个激励、一个逗号，是之后的一个新开始，是为了让大家继续有干劲地往下走。望大家以后持续关注中国农村的发展，关注“三农”问题和“乡村振兴战略”的实施，不忘曾是千村人。

阅世间百态，品百味人生

（2018 广东千村调查项目督导　李凤槐）

这次广东千村调查项目，作为项目督导之一的我主要负责广州花都队、清远佛冈队、韶关曲江队、云浮罗定队、肇庆怀集队、江门台山队的联络和访问管理工作。

联络工作绝不只是打通电话那么简单。我们按照国家统计局《城乡分类统计表》，在所列出的乡村中进行抽样，当时很多村委的电话在网络和 114 上都查询不到，为保证调研数据的客观真实和严谨，我们没有采用行政发文，而是通过各种社会渠道，寻找抽样行政村村委的联系方式，进行电话陌生拜访；当无法通过电话联系的时候，项目组老师就会亲自去村委打通联络渠道，以保证学生能顺利前往样本区域进行入户调查。

当初在联络过程中，午休时我都会梦见抽样，心底总是会有点担心项目是否能如预期计划推进下去，但从前期联络到执行结束，总体来说还是比较顺利的，我到负责区域进行巡视与协助的时候，所接触的人给我的印象大多是纯朴和高效率，感动是我在这次调研中感受到最多的。

我仍然记得在第一天访问时就遇见了无法联系到村主任的情况，我们只能靠自己去找路，摸索着到达被访者的家里。因为时值农忙，被访者更愿意把时间放在照料自己的田地上去，而不是单纯坐着回答访问员的问卷调查。当时我和我的访问员就只好“山不就我，我就山”，跟着被访者到农田去，坐在田间地头，开始了访问。我在旁边看着我的学生不拘小节，努力落实调查工作，看着天空从夕阳西下到星辰点点，觉得这群学生似乎与我们社会所标签的 90 后略有不同。也许是身边有人陪着，也许是夏天乡村午后的宁静，当时我感到平静和悠闲。还记得有一次，我们已经完成了一半样本量的行政村遭遇强拆，因为村民暴动，我们只能临时转而进行末端抽样，幸好在下午两点半就联系到了新的村委，随后队员们调整自己的心态，雷厉风行地赶往新的样本行政村进行访问。

还有我负责的片区里某个近海的队伍，在完成最后一个自然村访问样本后赶上了台风天气，导致港口停航，整个队伍被困在小岛上6天，享用了无限的泡面大餐，这大概也算是一次可怜又难忘的经历吧！

实地走访的经历是那样的多彩而宝贵，细细数来，竟是有那么多值得我回味的地方，其中要说让我永生难忘的，就是某个村里唯一留守在半山腰上的那家农户，那一间泥砖屋里的两位老人家。当时我跟我的访问员第一次敲门时并没有人应答，无奈之下，只好下山返回，再作打算。没想到却在半路上遇见了归途中的老爷爷，我们立马折返，随同老爷爷上山，心里在庆幸，辛苦是有回报的。随后在山上待了两个小时，听老爷爷讲他的故事，除了完成问卷的任务，我总在想我们是不是这么多年来这个家庭为数不多的陌生访客呢？村里的人逐渐离开了世代赖以生存的山林，过往人们建造的村庄逐渐被大自然吞噬，曾经成团状的聚落已经萎缩至一个点，可我想啊，有些记忆应该会一直在心中铭记。

图6－3 项目督导李凤槐（左四）和队友们

在执行广东千村调查项目的过程中，我带的学生可以说表现都很好，可爱、坚强，做事高效率，带给我感动和思考，谁说95后就是温室里的花朵？在这里我要为他们打call，其实这些学生远比我们想象中的更加努力、更加坚韧。

在这过程中，哪怕访问员们曾经有过“退缩”的念头，可我看到的更多的是他们披星戴月的访问，我想这一路走来，辛苦的背后应该也会有快乐和喜悦吧？一支队伍，几个队员，在2018年的这个夏天，一起在树荫下躲着烈日啃着面包，一起看过大雨后绚烂的彩虹，历经磨难，终得成长。

回想起来，整个项目能顺利完成要感谢的人实在太多了，感谢村干部放弃周末休息，骑摩托车带我们去偏远乡村调研；感谢村干部手持柴刀在前面开路，带访问员爬上半山腰，只为做到抽中留守在村里唯一一户人家的执着；感谢访问员为了收集最真实的数据，尽管一个上午没有完成一份问卷，可始终坚持遵守抽样规则……

正是因为这些帮助和坚持，这次项目学生的执行力比预期好，都能在规定的时间完成调研工作安全归来，这也让我很有成就感。不过遗憾的是这个夏天我不能一一跟随访问员的脚步探访广东民情，同时也要反思自己的要求过于急，没能很好分析每组队员的特点进行针对性指导。

平时学生们都叫我“uncle 李”，我很喜欢这个称号，感觉自己跟学生打成一片，是他们最亲密的战友。我总觉得只有亲身经历过作为访问员的洗礼，才能深刻体会到调研的不易，当初来社会调查中心时院长问我选择做学术调研的原因，我回答说因为我喜欢收集最真实的数据，因为我希望我收集的数据能给这个社会带来一点点好的变化。

同学们，也许我们的研究成果不能立竿见影，但我看到了无限的希望，从政府逐步把外来务工人员子女慢慢并入到公立学校就读，再到普及社保等一系列惠民政策措施的实施，都离不开我们一线访问员的数据收集。乡村振兴真的不只是一个口号，这次广东千村调查项目，因为你们所表现出的坚韧不懈和持之以恒，我又看到了更多的希望。

千淘万漉虽辛苦，吹尽狂沙始到金

（2018 广东千村调查项目数据质控分析师 刘闽芝）

我来自千村调查项目数据组，是一个土生土长的广州人，因此非常羡慕各位访问员能了解这么多地方的方言。我本科毕业于中山大学传播与设计院一个已经随风消散了的专业，硕士毕业于美国某冰天雪地城市里的某马路大学，目前在数据组主要负责问卷数据清理以及问卷数据分析相关工作。

我和各位访问员在执行期的联系就是每日的进度统计以及质控报表的生成。简单来说，就是计算每支队伍分别完成了多少行政村、自然村和家户样本，以及每种类型问卷的平均答题时长、平均无效题比例等；同时协助大区督导核实和检查完成样本数量是否可以和各位访问员自行统计的数字对得上。

等各位访问员成功完成所有访问后，数据组就会开始对各位的辛勤劳动成果进行数据清理工作。数据组将大家辛苦收集到的数据，通过特定的程序再做逻辑及数据上的检查和检验，并且添加上所需要的数据标签，最后将一份清理完成的数据交到研究组手里，让各位的劳动成果可以在研究里发光发热。

和访问员不同，数据组是通过问卷当中的数据（各位访问员填写的数字和文字）来认识和了解这个项目的被访者以及他们的情况的。我也明白，单单通过数据，其实很难如访问员一般切身体会被访者的淳朴善良，或者困难户的艰辛。但通过对数据的清理和校验，我们也希望将这些人生百态，以另外一种方式（数据）交到数据使用者手上，让访问员努力收集回来的数据，可以真正为乡村的发展提供决策支持。

这次 2018 广东千村调查项目的学生访问员人数应该是历届项目里最多的，我们可以感受到各位访问员的积极和认真，问卷完成速度杠杠的。另外，千村调查项目是社会调查中心第一个深入全省乡村地带开展调查的项目，但 8 月的广东，烈日与雷雨大风交替进行，天气条件就已经给各位访问员带来很多困难，访问员还要深入交通不便的乡村，在这一点上我真的非常佩服大家。

广东贫富悬殊，成长在大城市的人可能无法想象贫困乡村的人是怎么生活的。作为一个读传播学出身的人，我也很明白主流媒体的话语权一直都掌握在大城市手中，对乡村的报道不可能是全面的。所以我一直也在思考乡村的村民要怎样才可以将自己的想法传达出来，怎样才可以让负责决策的人重视乡村现存的问题。中国作为一个农业大国，农村人口占据了相当大的比例，但是这些人缺乏一个可以有效表达自己的渠道。而这次千村调查，我觉得是一个很好的方式，虽然可能还是有人会觉得“我说了又怎样，我做了这个调查又怎样，根本没有人会在乎”，但我想，随着这种调查越来越多，村民发声的渠道越来越多，这种情况会逐渐得到改善。

就像千村调查手记中的《我愿成为一座桥》，很多人如同这位访问员的朋友一样，会质疑这些调查到底有什么用，这些数据到底最后又能干吗，一个小小的调查难道就能改变千千万万乡村人民的生活吗？但不能短时间内改变不等于不能改变，就像这篇文章的作者所说，一个人的力量是不够的，但是凝聚了众人的力量，如果再加上持之以恒的调查，相信终有一天可以如作者所希望的一般，将乡村的情况真实具体地展现在人们面前，让决策者了解到更多真实的现实情况，最终使乡村的状况得到改善。

教育扶贫可以有效缓解慢性贫困和贫困的代际传递

（2018 广东千村调查项目研究团队成员　韩昱洁）

十九大提出，新时代我国社会的基本矛盾已经是人民不断增长的对美好生活的需要和不平衡不充分的发展之间的矛盾。在报告中，习近平总书记也指出，必须把教育事业放在优先位置，并强调要推进教育公平，努力让每个孩子都能享有公平而有质量的教育。乡村振兴则是在这样的政策背景下提出的用来改善发展不平衡不充分矛盾的重要战略之一。然而，根据乡村的现实条件，如何打破代际传递从而让农村的孩子未来不再贫困，这是乡村振兴过程中需要攻克的重大难关。教育的先导作用在解决乡村振兴难题中，将发挥不可替代的作用，也是我在这次千村调查项目中最感兴趣的部分。

教育扶贫可以有效缓解慢性贫困和贫困的代际传递，抑制返贫的发生，从而从根本上解决农村家庭的贫困难题。农村儿童，尤其是其中的弱势儿童，如留守儿童和困境儿童，则是教育扶贫的重点对象。随着我国经济社会快速发展，城镇化进程不断加速推进，大量农村劳动力走向城市寻找机遇和生计，形成规模宏大的流动人口群体。他们的子女一大部分由于各种原因留守在家乡，成为留守儿童。同时，我国一些儿童因家庭经济贫困、自身残疾、缺乏有效监护等原因，面临生存、发展和安全困境，亟须全社会予以关心、帮助。根据民政部 2016 年牵头完成的农村留守儿童排查数据，仅仅是双亲都外出打工或双亲一方外出而另一方无监护能力的农村户口留守儿童就有 902 万。根据第六次人口普查数据，民政部估计中国困境儿童规模有数百万。广东作为人口流动和人口总量大省，2016 年民政厅排查数据显示留守儿童规模约 25 万，2009 年末省妇联统计全省困境儿童规模达 11.22 万。

留守儿童面临的主要问题是由于长期与父母分离，缺乏亲情关爱而感到孤独，甚至出现心理问题；同时部分留守儿童由于缺乏家庭的正面引导而很早辍学，甚至误入歧途。困境儿童因家庭贫困面临生活、就医、就学等困难，因自身残疾面临康复、照料、护理和社会融入等困难，以及因家庭监护缺失或监护不当遭受虐待、遗弃、意外伤害、不法侵害等导致人身安全受到威胁或侵害等困难。留守儿童和困境儿童面临的问题对其自身的健康成长产生持续性的负面影响。从长远看，如果这些问题不能很好地解决，将对乡村振兴提出严峻的挑战，加上人口老龄化的趋势，还将对我国的整体建设和发展带来巨大影响。

图 6－4　韩昱洁（左一）参加预调查

社会各界对此已经给予广泛关注，党中央、国务院高度重视留守儿童和困境儿童的关爱及保护工作并就此开展了系列工作部署。为了积极响应中央政府关于开展留守儿童和困境儿童的关爱保障工作，2016 年起，广东省政府投入专项资金建设留守儿童之家示范点，留守儿童之家示范点选址在非珠三角地域的 12 个市，以 2～14 岁留守儿童及其临时监护人为服务对象，开展各类有益留守儿童身心发展的特色活动，如临时托管、成长知识讲座、趣味拓展、假期亲子活动等；邀请专家，对留守儿童家长进行必要的家庭教育指导；为儿童及其家庭提供游戏、娱乐、教育、卫生等服务，最终促进对留守儿童的关爱保护落实在社区。

此次千村调查的问卷中，我加入了关于留守儿童和留守儿童之家的问题，以了解留守儿童之家的服务是否对留守儿童的学习成绩和身体状况有正面的影响，以及具体是哪项服务起主要的作用。基于此次的调查结果，我们最终希望能提供关于教育扶贫的准确和客观的调查数据和实证证据，以为全国农村的教育扶贫提供政策支持。

攻克粤北山区农村发展问题需要切实可靠的微观数据支持

（2018广东千村调查项目研究团队成员　李承政）

十年前我在华南农业大学攻读农业经济管理专业硕士研究生时开始参加广东乡村调查，记得那时候我一年之内奔走于清远英德、江门鹤山以及汕头濠江等多地进行调研，通常一趟调研持续一周左右，每天走村串户，白天做问卷调查，晚上在宾馆讨论调查发现并及时记录问卷存在的问题。时至今日，当年的调研过程仍给我留下满满的回忆。

十年后我加入了暨南大学经济与社会研究院，并积极参与到新的广东乡村调查之中。从前期准备、问卷设计、预调查、访问员培训再到正式调查，我全程参与。特别感谢之前的调研经验，它让我能够在学生访问员培训课上侃侃而谈，向学生访问员介绍广东各地农村的语言、文化、风俗等情况，指出调研过程中可能会遇到的各种问题，并传授一些自己总结出来的调研小技巧。

预调查时我参与了广州花都和佛山大沥两个村的调查工作，正式调查时则参加了粤北山区的清远佛冈和韶关曲江的两个村的调研与村干部访谈工作。我的总体感觉是，现在无论是珠三角地区还是粤北山区的农村，相比十年前的情况，从村容村貌到道路、通信网络等基础设施都改善了许多。然而，粤北山区与珠三角地区之间的差距依然非常明显，并不亚于十年前的情形。在调研访谈中，我发现山区的一些村庄开始出现珠三角地区农村曾经面临过的问题。比如，前些年珠三角地区进行了产业转移，一些污染较严重的小企业逐渐转移到靠近珠三角的佛冈地区，由于当时并没有出台政策规定产业转移的企业必须进入当地工业园区，因此那些小企业零散分布在各村附近，由此带来了环境污染问题（例如水污染）。尽管该地区绝大部分村庄都已经有了自来水供给，但为安全起见，很大一部分当地居民还是选择山泉水作为自己的主要饮用水来源，上山打水增加了当地居民的用水成本。山区村庄同样也面临珠三角地区村庄不曾面临或在珠三角不是问题的问题。比如，我在韶关调研时发现，一些村委会的办公楼其实就是原村小学的教学楼，因为原来的村小学大多并入到镇上的中心小学了。目前，村民反映的一个问题是上学远、食宿花费大。山区自然村分布比较分散，从村子到镇上或附近的中心小学路程遥远，一些村子的孩子在上小学时就必须采取寄宿的方式，这使得孩子上学的开销明显增加，父母与孩子的相处时间则明显减少。

图 6－5　李承政（左三）与研究组一起参加预调查

深刻了解广东乡村的发展现状及存在的问题，需要翔实可靠的微观调查数据支持。我们的调查问卷涉及乡村治理、生态环境、精准扶贫、农村教育、金融信贷和生产、劳动与就业等各类主题，同时还包含一系列开放式的访谈内容，实行“一村一问”。从我个人对项目访问员调查实况的观察看来，我认为暨南大学经济与社会研究院组织的乡村调查的意义在于，它能为广东“乡村振兴战略”的实施提供切实可靠的微观数据支持。此外，研究者们能够基于该调查数据和调研素材进行深入分析，从而为政府决策部门提供政策建议。

最后，回顾一个场景：当我看见我们的访问员乘坐农户的三轮车或拖拉机穿越一个个自然村进行入户调查时，我又想起了当年自己乘坐村民的摩托车进村，后面一群大黄狗紧追狂吠的情景……

乡村治理是乡村振兴的基础

（2018 广东千村调查项目研究团队成员　李书娟）

费孝通先生在《乡土中国》中写道：“从基层上看去，中国社会是乡土性的。”一晃 70 多年过去了，中国社会发生巨变，不再是费先生笔下的乡土中国。不过，中国农村一直存在，农村人口仍然占了相当大的比例。随着城镇化的推进，农村环境、农民生活都发生了翻天覆地的变化，农村和城市前所未有地贴近，又旗帜鲜明地分离。如何进行农村建设成为新时代的重要议题。

党的十九大，党中央着眼于实现“两个一百年”奋斗目标，顺应亿万农民对美好生活的向往，提出了实施“乡村振兴战略”的重大战略部署。强调农业农村农民问题是关系国计民生的根本性问题，必须始终把解决好“三农”问题作为全党工作重中之重。乡村振兴的具体要求则是要坚持农业农村优先发展，按照产业兴旺、生态宜居、乡风文明、治理有效、生活富裕的总要求，建立健全城乡融合发展体制机制和政策体系，加快推进农业农村现代化。

实施“乡村振兴战略”是一项系统工程，乡村治理是其中的基础一环，关系乡村振兴的成败。乡村治理是否有效，不仅决定着乡村社会的发展、繁荣和稳定，也体现国家治理的整体水平。十九大明确提出新时代乡村治理的具体内容，就是要“加强农村基层基础工作，健全自治、法治、德治相结合的乡村治理体系。培养造就一支懂农业、爱农村、爱农民的‘三农’工作队伍”。

“自治、法治、德治”是新时代农村社会治理体系的重要内容，三者高度统一、有机联系。村民自治是中国特色社会主义制度的重要内容，是农村社会治理的基础，关系到农村群众对国家政权的认同。在中国特色社会主义新时代，农村经济和社会结构发生了新的变化，村民自治也应当有新的内涵。因此，应采取各种措施进一步提高村民参与水平，激发村民自治组织的活力。法治是维护农村社会正常秩序的重要保障，是全面依法治国在农村地区的体现。

农村法治应当注意特殊的文化背景，提高村民自治群体和个人的法治意识。要加强基层法制队伍建设，加大农村法制宣传力度，完善法制工作机制。德治是农村社会治理中的柔性力量，是介于国家权威和村民自治之间的必要补充力量，能够有效促进法治和自治的相互推动。要充分调动各方面力量，参与到农村社区治理中，特别是发挥新乡贤在农村治理中的示范引领和道德教化功能，从而形成良好的社会风气与氛围，使广大农村变得更加和谐、更加有活力。

广东千村调查项目就是在这种情境下孕育产生的，试图为国家农村发展包括乡村治理提供实践经验与理性思考。学院领导给予项目极大的关注，调查中心工作人员兢兢业业，调查过程中一直忙碌在台前幕后，他们高效严谨的工作为调查数据质量提供了保证。在访问员培训的过程中，我被年轻一代对新时代中国农村建设的热情关注所触动。调查前后历时接近两个月，在炎热的夏天，访问员奔波在广东乡间，圆满完成了调查任务。

图 6 – 6　李书娟为访问员讲授问卷相关知识

高质量且可靠的调查数据得之不易

（2018 广东千村调查项目研究团队成员　马祥）

广东千村调查是由暨南大学经济与社会研究院发起，暨南大学社会调查中心具体组织实施的。尽管在本科学习期间我曾经几次以访问员身份参与到农村的调查工作中，但是广东省千村调查是自己第一次系统地、全面地参与到整个调查的各个阶段：参加专家讨论会就调查主题征询意见、对抽样方案的讨论、调查问卷的最初设计、与政府行政部门的联系、第一轮的实地预调查、预调查之后对问卷的反复修改、在访问员调查出发之前对他们的培训以及数据收集完成之后对数据的初步分析。对于自己的“处女”调查，有一些零星的感受，希望与大家一起分享。

对于入村入户调查，取得相关政府行政部门的支持，是最重要的。本次广东省千村调查重点选择了 3 000 户左右的农村家庭进行入户调查，这些家庭大概分布于 100 个行政村。如何才能够入村、入村之后如何才能够入户是本次调查面临的首要问题。在中国现行的行政体制下，取得省级部门的支持，然后通过省级部门联系到市，通过市联系到县，通过县联系到乡镇，通过乡镇联系到村无疑是最佳的解决方案。本次广东千村调查得到了广东省农委的大力支持，实在是幸运至极。回想起来，取得政府相关行政部门支持的关键是把双方的需要结合起来。本次广东千村调查以乡村振兴为契机，而乡村振兴是中央政府十分重视的一项战略。同时，乡村振兴涵盖的内容又非常广泛，因此学院里的很多老师都能够从中找到一些与自己研究领域相关的契合点。

取得政府行政部门的支持后，剩下的就是执行层面的问题。本次广东千村调查让我意识到调查的执行不仅仅是手里拿着问卷到农户家去访问，而是访问之前的一轮又一轮的预调查，预调查之后根据反馈一次又一次地修改问卷，在访问员出发之前对他们的细心培训以及执行过程中和社会调查中心的随时沟通。这其中的每一个环节都会影响到所获得的数据的质量。获得数据是容易的，难的是获得高质量的、可靠的数据。暨南大学社会调查中心有强有力的执行团队，这无疑是获得可靠数据的保障。

获得可靠的数据之后就是对数据的初步分析。对广东千村调查的数据进行的初步分析让我意识到可靠的、具有一定规模的数据收集是了解真实情况的基础。只有依靠可靠的、具有一定规模的数据才能够了解农村现在正规金融的发生率究竟有多低、才能够了解国家重点推行的测土配方施肥技术在农村当中的普及率究竟有多低。这些让人震惊的事实不禁让人思考造成这些事实的原因又是什么。对数据的初步分析又让我意识到农村制度安排的复杂性和灵活性，比如扶贫资金的使用方式以及扶贫资金的来源是多样的、复杂的；许多个人与个人之间的借贷又是非常灵活的：利率是灵活的，借贷期限也是灵活的。这些制度安排的复杂性和灵活性需要借助系统的数据才能得以分析。正是对一个又一个现象的注意、观察、了解与分析才使得我们的研究得以一步又一步地深入。

图 6－7　马祥（右一）在参加预调查

粤西初见，那人那岛那片海

（2018 广东千村调查项目研究团队成员　牛梦琦）

图 6－8　牛梦琦

来广东工作两年了，随着学院千村调查项目的开展，我第一次深入粤西农村。

农村，我从来不陌生。我出生在湖南的一个小县城，外婆家在离城 10 公里的乡镇，每周回乡探望亲人是小时候生活的日常。我熟悉的湖南农村，是稻田、农家菜和高高低低的红色土地。小时候，我并不曾眷恋这乡野美景，一心只想往外走。终于有一天，我经历了求学、工作，还漂洋过海，走向城市，甚至是超级大城市，猛然回头，才发现乡村几乎要被遗忘了。

这次去的粤西小镇，位于广东省最南端湛江市的特陈（化名）岛。特陈岛四面环水，与最近的湛江市霞山区相隔 3 海里，没有公路与陆地相接，岛上居民只能靠轮渡进出小岛。小岛自然条件不佳，不适宜种植水稻等一般农作物，农产品以番薯、木薯为主。小岛居民世代以打鱼为生，并借以发展了近海养殖等产业，但出于环境保护等考虑，政府勒令关闭了近海养殖基地，海产养殖被迫迁移到风险更大的远海。上岛采访调查的两天，我们环岛走访了不少地方。岛上分布着大片美丽的红树林，到处是海浪沙滩，可以静享日出日落的美景。走访在乡村小道间，岛上生活显得闲散悠然。然而，与这种闲散悠然带来的舒适形成鲜明对比的是，岛上居民共享一所小学、一间卫生所，没有任何公共交通，商业活动都集中在码头周边零零星星的小店铺，岛上为数不多的现代化设施只有依海而建的海景度假村。

尽管特陈岛地理位置独特，跟我熟悉的湖南农村千差万别，但是它们似乎又面临着相似的命运。如果说特陈岛与现代化的地理距离在于那3海里，那么广阔的中国农村与现代化的距离可能并不只是地理上的，更是精神上的。在城市充满活力、欣欣向荣的对照之下，乡村确实略显凋敝。首先，凋敝反映在基础设施上，中国的城乡差异素来有一种形容，“城市赶英超美，农村堪比非拉”。特陈岛基本做到了家家户户通公路，通水、电和有线电视，但是也仅此而已。村里没有中学，没有医院，更别说图书馆、商场和公共娱乐休闲设施。其次，凋敝反映在人口结构上，它逐渐失去了年轻人。我们走访的时候是7月初，正好赶上中小学放假的时间点，家家户户都是留守老人和儿童。孩子们都期盼着能赶快坐上去城市的列车，去和许久不见的父母团聚。年轻人宁可背井离乡，也要去往充满机会的大城市，农村没有太多就业选择，更缺乏赚钱机会。从我们收集的数据来看，在农村，似乎并没有多少被访者愿意借钱创业，也没有多少被访者愿意将政府的扶贫资金用于生产和投资。与城市相比，乡村经济似乎缺乏点想象空间和活力。

乡村在这种变化中逐渐被遗忘。跃出农门的学子在城市落地生根，流动到城市的乡民只是逢年过节才回乡团聚。就在城乡差距还在日益拉大的今天，习近平总书记高度重视“精准扶贫”政策，关注农村和农民的贫困问题，对中国长期的发展和稳定有极其深远的意义。千村调查项目，再次将我们的视野拉向农村，给了我们一个重新认识农村的宝贵机会。我们也希望借助这个机会，收集广东省乡村的一手数据，解决一些实际问题。

城市化可以继续，农村人口可以减少，但乡村不可以大量死亡

（2018 广东千村调查项目研究团队成员　杨尚铭）

图6－9　杨尚铭

几年以前，我以为中国的富强之路，在于不断地城市化直到农村人口降至10%以下。乡村人口的大量减少就意味着村庄的大量消亡。现在看来这个想法显然是太不现实了。且不说大量的农村人口转为城市人口的现实困境，村庄的消失这件事本身对于很多人来说也是无法接受的。几十年的时间里，中国的城市人口持续增加，若说某一个人的老家消失了，情感上来讲是比较残酷的一件事情。再者，城市固然生活便利、各类设施发达，但亲近自然、愉悦身心的功效相比乡村大为不如。所以说，城市化可以继续，农村人口可以减少，但乡村不可以大量死亡，这是振兴乡村的一层意思。

广大农民在新中国建立中做出了巨大牺牲，又在新中国成立后的初步工业化过程中再次做出巨大牺牲。中国的经济在持续高速增长，城乡贫富差距却持续扩大，虽说农民的生活水平比以前提高了不少，但相对于中国整体的发展速度来说是不相称的。原因何在？如何解决？这也是我对这个问题感兴趣的主要原因。

此次预调查，是为试探预设问题是否和现实贴近。整个调查过程就是不断向被访者发问，依据被访者的回答和反应来修改问卷。我们的初始问卷，多数根据自己想研究的问题在头脑中设想出来，或者依据已有研究誊写过来，有一

些是和现实不接轨的。现实中什么问题重要，问题该如何设计，是随着调查的不断深入才渐渐呈现出来的。预调查对问卷问题提出了不少修改建议，收益不小。对于调研人员来说，更为可贵的是在调研中接触到了第一手资料，即对农村的直观的感性认识。这些都是描述现实、解释现实的最为直接的来源。

拿这次调研的一个岛来说，该岛四面环水，唯一的交通工具是轮渡，快递不上岛，青壮年外出打工，留守的中老年也不会开网店。十多年前村民靠近海水产收入还不错，但由于对水体污染严重，政府令其关闭，村民只能到远海养殖或捕鱼。由于该岛土地稀缺，种植业仅够自用。由此看来，村民的出路应该是水产加工业。我设计了问题问村庄的交通，就没有考虑到孤岛的情况。又有一个问题问村民最大的自然灾害是什么。村民的回答出乎所设计选项的意料：台风。台风一来，损失巨大。这里的基础设施最欠缺的是什么？从此次调研来看，首先缺少足够的货轮和客轮，村民的孩子连去湛江市上学都没法实现。其次是缺少避风港。这些都是预设问题时没有考虑到的。我又预设了一个问题，从事网络销售的障碍是什么，却没有料到这个岛居然是不通快递的。所以说，问卷要在和现实的结合中才会不断切中要害。

暨南大学经济与社会研究院投入这么大的人力物力，当然希望能为乡村振兴指明前行的方向，能提高农民的收入，进而让乡村变得更美好。我以为这里面一个很重要的因素是城乡间要素的互为流通。但现行的土地二元制度确实是阻碍乡村振兴的一个因素（参见周其仁《改革的逻辑》）。所幸已有地方在搞试点，希望这些地方的经验能给中国的城市化困境及乡村振兴带来真知灼见。

VII

忆峥嵘岁月 展千村韶华

2018 年 9 月 14 日，2018 广东千村调查项目的表彰大会在暨南大学召开。微纪录片《广东千村调查 · 调查实录》，再一次把在场的师生带回了广东千村调查访问员的实地访问经历中，欢声笑语中糅合思考与成长，大家一同回顾往昔，共证美好时光。

随后，冯帅章院长致辞。冯院长首先感谢校团委对项目的大力支持，并对在项目中付出辛勤努力的千村调查项目组及参与项目的访问员、志愿者等表示高度认可和衷心感谢。在回顾项目时，冯院长重申广东千村调查的意义及其对“乡村振兴战略”政策实施的数据支持作用，最后冯院长对来年的广东千村调查做了美好展望，并希望在座的同学再接再厉。

学生代表发言环节，周有富同学首先感谢广东千村调查项目为广大学子提供了一个走进广东乡村、细察民情动态的好机会。在这个盛夏，他们收获了友谊，坚定了自我，思考乡村现状并有所成长。周有富同学细细道出伙伴的心声，感慨良深。

大会最为激动人心的环节是表彰环节。在激扬的音乐声中，“优秀队长”“积极贡献奖”“C 位出道奖”“精打细算奖”“雷厉风行奖”“质量超群奖”“最佳团队奖”“优秀核查员”“优秀志愿者”“优秀访问员”逐一揭晓。

2018 广东千村调查在这个秋夜圆满落幕，一纸奖状定格访问员和核查员的相遇相识和比肩同步的日子，一弯柔月纪念他们良宵与共、岁月峥嵘的青春……

千村人不负韶华不负己，来年再会！

图 7－1　表彰大会合影

图 7－2　“优秀队长”颁奖合影

图 7－3　“优秀访问员”颁奖合影

图 7－4　“优秀核查员”颁奖合影

图 7 – 5 “最佳团队奖”颁奖合影

图 7 – 6 “质量超群奖”颁奖合影

图 7－7　“雷厉风行奖”颁奖合影

图 7－8　“C 位出道奖”颁奖合影

图 7－9　“精打细算奖”颁奖合影

图 7－10　“积极贡献奖”颁奖合影

致　谢

本书回顾了2018广东千村调查的前期筹备、执行过程及访问员、核查员、执行团队、研究团队在本次调查中的真情感悟与研究发现。谨以此书献给本次调查的所有参与人，是你们在酷暑的辛勤付出与汗水、克服万难的毅力与决心、踏实肯干的坚持与努力，帮助2018广东千村调查顺利完成。谨以此书纪念那个同心协力、团结奋斗、热血澎湃的夏天！

在本次千村调查中，共有190名学生参与问卷调查和质控核查，感谢访问员们深入农村，一步一个脚印，脚踏实地，克服一切困难取得了第一手数据。感谢核查员们的耐心与细心，你们是高质量数据的把关人。

学生访问员和核查员名单：（按照姓氏音序排列）

蔡广盛　蔡　扬　曹美连　柴秋香　陈慧姬　陈佳燃　陈建熏　陈巨鹏
陈可祺　陈　琪　陈　锐　陈少莹　陈晓玲　陈旭通　陈张雨昂　陈姿言
池锦珊　范财华　范黄娟　古　豫　郭宝荣　郭乐诗　郭欣琪　何晶茹
何靖楠　何晓雯　胡润鹏　胡燕敏　黄柏颖　黄楚滢　黄浩岚　黄慧菁
黄静仪　黄琳瑛　黄流深　黄　铭　黄念晞　黄天怡　黄婉根　黄婉玲
黄文静　黄锡培　黄显池　黄晓雪　黄彦民　黄英柳　黄宇豪　黄芷欣
黄芷莹　江　健　金　峰　赖铭颉　蓝海琪　李金凤　李康健　李丽娜
李妙萍　李诗婷　李　炜　李晓华　李雅婷　李育慧　李振华　梁楚荞
梁凤花　梁浩林　梁洁萍　梁绮雯　梁舒婷　梁素琪　梁　鑫　林春秀
林　行　林金辉　林琪琪　林　曦　林轩然　林燕霞　林漪荷　林玉珊
林子彭　刘　晨　刘铎辉　刘芙彤　刘华芳　刘　婕　刘宪铭　刘晓晴
卢诗茗　罗　倩　罗　鑫　罗　杏　骆文君　马沛键　马　祥　麦凯欣
麦妙凤　莫燕婷　区永康　欧子源　潘婉玲　钱淑琼　丘家琪　邱李涛
邱绮晴　任亚文　阮倩香　邵秀倩　沈远航　宋奕颜　宋玉娇　苏东阳
粟金泉　谭慧韵　唐伊雯　田露璐　王　超　王海莹　王露夏　王少达
王琬茗　王文锐　王　勇　王泽林　温梦琦　温志洪　文　荣　翁芝涵

吴剑霞 吴杰桦 吴 浪 吴启锋 吴秋蓉 吴锐涛 吴史莹 吴属燕
吴檀薇 吴相霓 吴雅婷 伍权衡 肖 洁 肖 丽 谢晓航 谢雨慧
徐佳淇 徐星民 徐艳姗 薛艳娟 杨雪儿 杨正帆 杨梓兰 姚炫纯
叶嘉明 叶上源 叶欣茵 叶钰怡 于锶琴 余彩怡 庾健欣 袁 婷
袁义乔 曾凤琴 曾锦涛 曾 鑫 张宝龙 张凯璇 张少仪 张丝茵
张潇尹 张伊琳 张宇辰 张 芸 张子晗 招燕琼 赵丹晓 郑嘉雯
郑丽莹 郑细杏 钟翠怡 钟璐明 周靖怡 周 澎 周有富 朱婉雯
朱勇看 朱雨芯 朱芷漫 庄嘉欣 庄培雄 卓舒萍

同时，感谢为调查的组织开展思虑周全，全程毫无懈怠地参与到项目中的执行团队成员！

项目执行负责人：花 芯

项目特别支持：何李芮 张 晓

项目督导：陈浩然 黄晓敏 李步清 李凤槐 王依淳 肖 和

项目督导助理：何广源 李 茜 李维康 孙涌欢

技术支持：陆天华 何 秋 李 杰 王一佳 叶盛晓

数据支持：黄欣欣 刘闽芝

财务支持：梁迪璐 谭淑芬

宣传支持：樊静文 梁迪思 吕采薇 苏博华 谢 洁 刘芙彤

此次项目，暨南大学经济与社会研究院诸位老师参与了调查问卷的编写和后期报告撰写，感谢你们的大力支持，保证了本次调查问卷的科学性和有效性！

研究团队成员：

韩昱洁 李承政 李书娟 马 祥 卢晶亮 牛梦琦 史 炜 薛 森
杨尚铭 张思思